元宇宙
与社会治理新范式

陈海波 ○ 著

推动个人数字化革命

中共中央党校出版社

图书在版编目（CIP）数据

元宇宙与社会治理新范式/陈海波著. -- 北京：中共中央党校出版社, 2022.9
　　ISBN 978-7-5035-7320-0

Ⅰ.①元⋯　Ⅱ.①陈⋯　Ⅲ.①信息经济–通俗读物　Ⅳ.① F49-49

中国版本图书馆 CIP 数据核字 (2022) 第 153203 号

元宇宙与社会治理新范式

策划统筹	任丽娜
责任编辑	马琳婷　牛琴琴　桑月月
责任印制	陈梦楠
责任校对	王　微
出版发行	中共中央党校出版社
地　　址	北京市海淀区长春桥路 6 号
电　　话	（010）68922815（总编室）　（010）68922233（发行部）
传　　真	（010）68922814
经　　销	全国新华书店
印　　刷	中煤（北京）印务有限公司
开　　本	710 毫米 ×1000 毫米　1/16
字　　数	184 千字
印　　张	16.75
版　　次	2022 年 9 月第 1 版　2022 年 9 月第 1 次印刷
定　　价	72.00 元

微 信 ID：中共中央党校出版社　　　邮　箱：zydxcbs2018@163.com

版权所有·侵权必究

如有印装质量问题，请与本社发行部联系调换

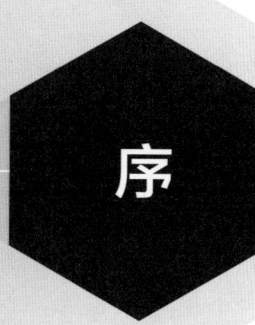

序 PREFACE

深兰对元宇宙的第一个认识，就是从实现个人数字化入手，解决每个人最大的痛点，用个人数字化来推动组织的数字化，推动人类的数字化。人是生命体，渴望生命价值最大化。马斯洛著名的"需求层次论"理论认为，个人的需求有五个层次：生理（食物和衣服）、安全（工作保障）、社交需要（友谊）、尊重和自我实现。需求是由低到高逐级形成并得到满足的。而"自我实现"是最高层次的需求，指人希望最大限度地发挥自身潜能，不断完善自己，完成与自己的能力相称的一切事情，实现自己理想，实现生命的存在价值。但是，作为生命体，个人面临诸多约束。首先是时间的约束。人的生命跨度，有着个体的差异，但长者亦不过百年。随着年龄的不断增长，人的生理机能逐渐弱化、记忆能力越来越差，学习能力也逐渐减退；人们亦渴望能够与过世的亲人交流，与他们回忆过往，畅谈今生。其次是空间的约束。人类生命体面临的最大约束、最大痛点，莫过于人们无法同时出现在两个地方。工作中的自己，无法同时给父母以关怀、给子女以陪伴。他们渴望能有个分

身，可以在城市打拼的同时，依然能够在遥远的地方，陪护在父母的身边。最后是在对未知进行探索时生命体的各种条件的约束。每个人的内心深处都渴望摆脱世间俗物的束缚，突破物理的极限，探寻未知的世界。人类关于宇宙、世界、精神的思考，从来没有停止过。但是，受到生命体的各种约束性条件的限制，无法实现。元宇宙本质上就是人类共建想象力的一种载体。今天，越来越成熟的数字世界可以让我们把自己想象的世界更高效地构建到数字世界或者数字世界与物理世界的融合体中。从某种意义上来说，元宇宙的诸多愿景，就反映了我们突破生命体时空约束的愿望。无尽的时空也是我们无尽想象力的反映，我们希望通过不断探索未知来满足对想象力的求证。作为人类想象力的载体，元宇宙为实现人类个体在时间上的"不朽"和空间上的"永存"达成了可能，让我们有机会在有限的生命长度之内，尽可能最大化地体验更多元、更丰富、更人文的生命。为人民创造美好生活，让每个人的生命价值得以最大化，从而推动社会发展、人类文明，这是元宇宙建设选择发展方向上的第一要义。

深兰对元宇宙的第二个认识，是元宇宙可以解决对地球资源的最大浪费问题。人类对地球资源的最大浪费是什么？是水吗？是电吗？是钱吗？不，都不是。对地球资源最大的浪费，是每个人的智慧无法留存。一直以来，人类非常关注地球上生态资源的浪费和保护问题。的确，生态资源的保护和利用对人类生存至关重要，这一点毋庸质疑。人类只拥有一个地球，它是整个人类及其子孙后代的唯一家园。在人类经历的漫长岁月以及可以预见的未来，地球提供的各种资源，如石油、水、电、土地、矿产等，是有限的，绝非取之不尽、用之不竭。因此，长期以来，人们强调善待地球，强调坚持科学发展,强调珍惜资源、合理利用和保护资源。"碳达峰"与"碳中和"已被纳入全球经济社会发展全局。让经济与生态共生共赢,"碳中和"已然成为全球共识,成为各个国家与经济社会发展的顶层战略目标。"碳中和"对元宇宙而言,也是一个巨大的机遇。很多机构和国家已经注意到元宇宙在实现"碳中和"过程中发挥的重要作用。中国信息通信研究院在《数字碳中和白皮书》中提出"数字技术能够与能源电力、工业、交通、建筑等重点碳排放领域深度融合,有效提升能源与资源的使用效率,实现生产效率与碳效率的双提升,数字化正成为我国实现碳中和的重要技术路径"。以数字技术为代表的"数字化"和以"碳中和"为代表的"绿色化",也必将在"元宇宙"中实现融合。元宇宙愿景为全球碳减排提供了巨大潜力,同时"碳中和"所带来的能源支持也能够助力元宇宙的发展,通过智能制造、数字镜像和数字孪生,在元宇宙构建各种系统的数字版本,这就仿佛为地球配备了一层"数字肌肤",能够有效监测、分析和管理碳排放。然而,地球上还有一种资源,需要人类倍加保护。对于每个人而言,人生只有一次,概莫能外。古往今来,无数智者,他们一生探索的知识、智慧随着生命的消逝而不复存在。对地球资源最大的浪费,不是地球上的矿产资源,而是每个人的智慧。知识可以通过书籍留存,通过教育流传,通过印刷推广;个人的智慧如何留存、流传、推广?未来的元宇宙愿景,为保存人类个体的智慧提供了可能。随着人工智能、大数据、纳米技术、传感网、脑科学等新理论、新技术的融合,个体智慧必将可以像地球上的任何不可再生的能源一样,得到充分的保护和利用。

  深兰对元宇宙的第三个认识,元宇宙可以解决人类文明的存续

问题。人类未来可能面临生存危机,绝不是危言耸听,像电影《流浪地球》中所遇到的那种气候灾难,或者生化危机、病毒攻击等。对于人类灾难,作家刘慈欣在接受采访时说道,对于人类的前途,我是一个乐观主义者,这个乐观本身也是带着理性色彩的,并不是很盲目的乐观。从我自己来说,我认为只要科学技术在不断地发展,人类就会有一个比较光明的未来。能够把人类的种族延续下来,拯救人类的唯一的力量就是科学技术,不会是别的,可以强调人类的集体主义和献身精神,以及勇敢的品质,但这些如果离开了科学技术的发展是没有用的,这些不用我说,都是常识。对于人类未来,刘慈欣说道,从长远的时间尺度来看,在这无数可能的未来中,不管地球达到了怎样的繁荣,那些没有太空航行的未来都是暗淡的。我们坚信,未来,通过科技的不断进步,人类哪怕是保留一块硬盘,都有可能让人类文明在全球灾变或星际旅行中存活下来。只有科技的发展,才能让人类文明永远传承。

总之,元宇宙不仅仅只有网络游戏、虚拟社会,元宇宙也有智能工厂、数字地球、孪生宇宙。元宇宙在向内探索人类精神世界的同时,也必须将视野向外,探索星辰大海,探索太空航行。没有太空航行的人类未来是暗淡的,同样,不关注星辰大海、太空航行,只关注网络游戏、虚拟社会的元宇宙也是暗淡无光、没有前途的。让我们一起拥抱元宇宙,拥抱未来,拥抱人类未来社会新范式。我们坚信,元宇宙必将助力人类驶向星辰大海。

2022年3月

前言

PREFACE

"四方上下曰宇,古往今来曰宙。"人类的文明史有多久,人类探讨"宇宙"的历史就有多久。战国时代,中国人就有了自己的宇宙观。在中国古人看来,宇宙就是物质、时间和空间的总和,世间万物都生存在宇宙之中,人类亦是宇宙一分子。公元前450年,古希腊哲学家留基伯(Leucippus,约公元前500—前440年),撰写了一本著作,叫作《宇宙学》(*The Great Cosmology*),率先提出原子论(万物由原子构成)。之后,他的弟子德谟克利特(Democritus,约公元前460—前370年)又写了《宇宙小系统》(*Little Cosmology*)一书,率先提出原子唯物论,即万物的本原是原子与虚空,原子是最后一种不可再分的物质微粒。正是他们师生二人,构建了古典原子论和宇宙学[①]。

在引入元宇宙的概念之前,需要先回答这样一个问题:为什么在最近几年,无论是业界、学界,还是全球的资本市场,元宇宙会

---

① 参见朱嘉明:《"元宇宙"和"后人类社会"》,《商业周刊(中文版)》2022年第4期。

成为人们关心的最火的话题之一？答案正如《连线》杂志创始人，美国著名未来学家凯文·凯利（Kevin Kelly）在其著作三部曲的收官之作《必然》(The Inevitable)中所言：未来已来（The future is coming）！之后，他在2021年12月召开的百度开发者大会上发言说，20年后，人类或将开启"镜像世界"。元宇宙关乎人类未来，元宇宙叙事拥有一切关于人类"明天"的"故事"的任何关键"情节"：它充满着关于人类未来的种种"情怀"；它蕴含着广泛的商业机会和应用场景；它更体现了科技发展，特别是超级人工智能的可能出现对人类未来的种种影响、畅想和担心。

对未来的幻想，是人类不断进步的原因。自古以来，人类对自己的未来有种种幻想。过去，人们期待自己的生活能够不再受物理世界的种种限制，从马匹、汽车、火车到飞机、高铁、宇宙飞船，人类逐渐突破了空间距离对自己的限制；从结绳记事、历法到时钟、手表、电子钟，人类逐步支配和适应时间对自己的限制。现在，科技进步，特别是人工智能发展推动社会物质极大丰富，精神世界更加解放，人们自然想开辟一个有别于现在的世界，这个世界包含人类对社会不断进步和演进发展的期望，将进一步打破时间和空间对人们的限制。

突如其来的新冠肺炎疫情在全球暴发，人与人之间的社交距离迅速且持续增大，虚拟空间交流模式成为人际沟通的主要方式，人类加速度进入了"无接触时代"。但同时，这一事件也成为新技术系统性创新的突破口。元宇宙愿景作为当前人类社会数字技术创新发展集大成之场景，它吸纳了信息革命、互联网革命、人工智能革命、虚拟现实技术，包括游戏引擎等在内的种种科技成果，向人类展现出了构建与传统物理世界平行的全息数字世界的可能性；它引发了信息科学、纳米科学、生命科学等前沿科学和数学、物理学、化学等基础学科的互动，甚至可能改变科学范式；它推动了传统的哲学、社会学，甚至人文科学体系在数字时代的发展；它在囊括几乎所有信息技术创新成果的同时，还融合了区块链、去中心化金融（Decentralized Finance，DeFi，也被称为"开放式金融"）、非同质化代币（Non-Fungible Token，NFT）等数字金融成果，为人类社会实现数字化转型提供了新的路径，开辟了数字经济与实体经济融合的无限可能。如今，元宇宙成为数字经济创新和产业创新的新疆域。

一言以蔽之，元宇宙愿景与人类社会未来发展方向产生全方位的交集，展现了一个具有可以与大航海时代、工业革命时代、宇航时代同样历史意义的新时代，元宇宙是影响未来人类社会的新范式。

因此，研究元宇宙，建设元宇宙，具有重要意义。在观察和思考的过程中，笔者始终把握两条主线。一是从科技发展的角度去理解元宇宙，关键字是"智能"；二是从社会发展的角度去理解元宇宙，关键字是"民生"。对于"智能"，我们的理解是，AI是推动元宇宙建设的核心动力；对于"民生"，我们的理解是，科技向善是元宇宙建设的首要原则。

目录

CONTENTS

第一章 认识元宇宙：技术视角
一、元宇宙的定义 /003
二、元宇宙全景图 /012
三、元宇宙的核心特征 /028
四、如何理解元宇宙技术生态 /033

第二章 认识元宇宙：社会视角
一、从《头号玩家》说起 /043
二、元宇宙是人类文明伴随科技发展演化的历史性节点 /045
三、元宇宙构建人类未来社会新范式 /050
四、建设元宇宙，需要警惕发展风险 /059
五、关注"民生"、关注"人民福祉"的元宇宙才是大众需要的元宇宙 /061

第三章 个人元宇宙
一、从"生活日志"到个人元宇宙 /069

　　二、个人元宇宙的核心特征　　　　　　　　　　/082

　　三、个人元宇宙当前的发展——虚拟人　　　　　/090

　　四、个人元宇宙的未来——硅基生命　　　　　　/094

　　五、科技发展，让人类文明永远传承　　　　　　/100

　　六、建设个人元宇宙所面临的挑战　　　　　　　/103

第四章　AI 是元宇宙建设的核心动力

　　一、不仅可以模仿，而且可以创造　　　　　　　/111

　　二、AI 之于虚拟现实　　　　　　　　　　　　　/118

　　三、AI 之于数字孪生　　　　　　　　　　　　　/131

　　四、AI 之于信息网络　　　　　　　　　　　　　/137

　　五、AI 之于区块链　　　　　　　　　　　　　　/143

　　六、AI 之于脑机接口　　　　　　　　　　　　　/150

　　七、AI 之于硅基生命　　　　　　　　　　　　　/154

第五章　元宇宙建设：服务民生，创造未来

　　一、元宇宙赋能医疗保健　　　　　　　　　　　/169

　　二、元宇宙赋能工业制造　　　　　　　　　　　/175

　　三、元宇宙赋能智慧城市　　　　　　　　　　　/180

　　四、元宇宙赋能休闲娱乐　　　　　　　　　　　/184

　　五、元宇宙赋能教育培训　　　　　　　　　　　/189

　　六、元宇宙赋能远程办公　　　　　　　　　　　/194

第六章　元宇宙治理：科技向善，迎接人类社会新范式

　　一、元宇宙发展面临诸多风险　　　　　　　　　/203

　　二、科技创新，伦理先行　　　　　　　　　　　/205

　　三、中国智慧，中国方案　　　　　　　　　　　/208

四、在无数可能中，没有太空航行的未来
　　　　都是暗淡的　　　　　　　　　　　　/212

附录

　　一、文献说明　　　　　　　　　　　　　/219

　　二、《元宇宙界以及我们将如何共同构建
　　　　它——新篇章》，Mark Zuckerberg，
　　　　Connect 2021，2021 年 10 月 29 日　　/220

　　三、《Epic Games 首席执行官 Tim Sweeney
　　　　谈论元宇宙、加密货币和反垄断》，Mark
　　　　Sullivan，2022 年 4 月 25 日　　　　/225

　　四、《20 年后，人类可能开启"镜像世界"》，
　　　　Kevin Kelly，2021 年 12 月 27 日　　/234

　　五、中共中央办公厅、国务院办公厅《关于
　　　　加强科技伦理治理的意见》　　　　　/239

后记　　　　　　　　　　　　　　　　　　/247

第一章

认识元宇宙：技术视角

CHAPTER 1

第一章
认识元宇宙：技术视角

 **一　元宇宙的定义**

元宇宙的概念最初来源于1992年美国作家尼尔·斯蒂芬森出版的科幻小说《雪崩》。书中描述了一个平行于现实世界的网络世界——元宇宙（Metaverse），现实世界的人在Metaverse中都有一个化身（Avatar）。现实世界的人通过控制其化身，在Metaverse中进行人际交往和竞争以提升自己的地位。Metaverse这个英文单词由"meta"（超越、元）和"universe"（宇宙）两个单词合成。小说里描绘了这样一种场景："电脑将这片天地描绘在他的目镜上，将声音送入他的耳机中。"这个虚构的"天地"就是"Metaverse"。这个世界"和现实世界中的任何地方一样，土地也需要开发建设。在这里，开发者可以构建自己的小街巷，依附于主干道。他们还可以修造楼宇、公园、标志牌，以及现实中并不存在的东西，比如高悬在半空的巨型灯光展示，无视三维时空法则的特殊街区，还有一片片自由格斗地带，人们可以在那里互相猎杀。这条大街与真实世界唯一的差别就是，它并不真正存在"。"一个个的用户界面，出自各大公司设计的无数各不相同的软件，若想把这些东西放置在大街上，各家大公司就必须征得'全球多媒体协议组织'的批准，还要购买临街的门面土地，得到分区规划获得相关执照，贿赂检查人员，等等。"①实际上，斯蒂芬森设想出的"元宇宙"，在小说里主要表现为数字空间里与现实类似的街道和建筑物的集合。其睿智之处就在于，他从一开始即以"统一""互联"的思

---

① 〔美〕尼尔·斯蒂芬森著，郭泽译：《雪崩》，四川科学技术出版社2018年版，第29页。

维来描述这个虚拟空间：各家公司在同一"世界"内共同创建起了这个"元宇宙"。2021年3月，沙盒游戏公司Roblox①将"元宇宙"概念放入招股书中，被称为"元宇宙"第一股。随后美国著名科技公司Facebook更名为Meta，进一步引发全球范围内资本市场和业界的广泛讨论，形成了"元宇宙"现象。

目前针对元宇宙还没有大家公认的定义。元宇宙的最初拥趸主要来自业界，特别是社交、游戏和区块链行业的公司。从诸多针对元宇宙的讨论来看，大多数业界专家，往往从本行业出发，对元宇宙的特征进行归纳。如果将这些观点拼接起来，恰恰能够一窥元宇宙之全貌。表1—1总结了各界对元宇宙的观点。

表1—1 各界对元宇宙的观点

人物或组织	观点
大卫·巴斯祖奇 Roblox公司首席执行官	元宇宙是持久的、共享的3D虚拟空间，人们在元宇宙中拥有自己的虚拟分身，可以进行娱乐、工作和创新
马克·扎克伯格 Meta公司首席执行官	元宇宙是继互联网之后的计算平台，可以将其看作实体化的互联网。用户在元宇宙中不再浏览内容，而是在内容中
马修·鲍尔 美国风险投资人	元宇宙是一个由实时渲染的三维虚拟世界组成的大规模、可互操作的网络，可由有效的、无限数量的用户同步和持续地体验，具有个人存在感，并具有数据连续性，如身份、历史、权利、物品、通信和支付
萨提亚·纳德拉 微软首席执行官	提出企业元宇宙概念，期望元宇宙可以打破现在的通信和业务流程之间的障碍，把它们融合在一起，让工业场景更为便捷
黄仁勋 英伟达首席执行官	元宇宙将虚拟世界与现实世界连接到了一起，物理世界对人际交往所造成的阻隔将被打破。这一虚拟世界构思精妙并拥有真实可行的经济体系，用户所拥有的虚拟分身和数字资产与真实世界具有可类比性

---

① 沙盒游戏（Sandbox Games），又称为开放世界游戏，是由沙盘游戏演变而来，自成一种游戏类型，由一个或多个地图区域构成，往往包含多种要素，包括角色扮演、动作、射击、驾驶等。Roblox是Roblox公司开发的一款集游戏创作和大型社区互动的同名的游戏平台，玩家可以通过游戏与朋友聊天、互动以及创作。

第一章
认识元宇宙：技术视角

续表

人物或组织	观 点
马化腾 腾讯首席执行官	提出了"全真互联网"的概念，强调"虚拟世界和真实世界的大门已经打开，无论是从虚到实还是由实入虚，都在致力于帮助用户实现更真实的体验"
清华大学新闻与传播学院新媒体研究中心	元宇宙是整合多种新技术而产生的新型虚实相融的互联网应用和社会形态，它基于扩展现实技术提供沉浸式体验，基于数字孪生技术生成现实世界的镜像，基于区块链技术搭建经济体系，将虚拟世界与现实世界在经济系统、社交系统、身份系统上密切融合，并且允许每个用户进行内容生产和世界编辑
维基百科	通过虚拟增强的物理现实，呈现收敛性和物理持久性特征的，基于未来互联网的，具有链接感知和共享特征的3D虚拟空间

来源：部分来源于《初探元宇宙》，毕马威分析；另一部分来源于网络公开资料。

如今，对元宇宙的讨论已经扩展到各个行业，越来越多的业界专家和学者将元宇宙看作由包括 AI、大数据、云计算、物联网、区块链、交互传感、虚拟现实等数字技术集成赋能给各行各业的一个实时在线的网络。归纳起来，当前业界、学界的"元宇宙"观点基于不同场景、不同语境，侧重点或许不同。

首先，它可能是指一款"元宇宙产品"。许多人认识元宇宙，是从 Meta 公司的产品开始的。对于 Meta 公司来说，元宇宙是一个令人兴奋的新篇章。Meta 公司的一些产品已经开始面世。例如，Horizon（视界）系列产品，它是 Meta 公司创建的一个社交平台，用以帮助人们在元宇宙中进行创造和互动。其子产品 Horizon Home 是在元宇宙中建立个人空间的早期愿景；而 Horizon Workrooms 则是 Meta 公司专为移动办公及协作打造的产品。此外，Meta 公司售出的虚拟现实头戴设备数量截至2021年底已达到具有里程碑意义的1000万台。微软则计划将旗下聊天和会议应用 Microsoft Teams 打造成元宇宙产品，并且把混合现实会议平台

Microsoft Mesh 融入 Microsoft Teams 中。

提到元宇宙，有三款公认的具有"元宇宙"属性的产品：Unity、Unreal 和 Omniverse。Unity 是联合技术公司（Unity Technologies）开发的实时 3D 互动内容创作和运营平台。包括游戏开发、美术、建筑、汽车设计、影视在内的所有创作者，可以借助 Unity 将创意变成现实。Unreal 是英佩游戏公司（Epic Games）的 3D 引擎。该引擎正越来越多地用于好莱坞电影制作，如电影《曼达洛人》。Omniverse 是 2021 年美国英伟达公司（NVIDIA）开发的一个元宇宙基础设施项目，该项目将允许世界各地的开发者实时合作，进行元宇宙内容创作。Omniverse 在狭义上是指为 3D 设计协作和数据孪生模拟而构建的开发平台，旨在通过将图形、AI、模拟和可扩展计算整合到一个平台上，成为连接数字世界的基础。通过 Omniverse，艺术家、设计师和创作者可以设计应用程序，协作创建高仿真的 3D 资产和场景。在广义上，Omniverse 的目标是通过广泛而普遍的连接，构建物理级精确的数字世界或"数字孪生"，Omniverse 最终的宏伟目标是构筑从物品尺度到行星尺度的，高保真、物理级精确，可扩展，实时的数字世界模拟。

其次，它可能是指一款"元宇宙游戏或开放世界"。以三款公认的元宇宙游戏或开放世界《堡垒之夜》（Fortnite）、《罗布乐思》（Roblox）和《去中心化领地》（Decentraland）为例。Fortnite 是 Epic 公司出品的一款"元宇宙游戏"，玩家在线不必付费，且跨所有平台，这两个因素使得 Fortnite 成了世界最大的游戏社交网络或账户系统之一。截至 2020 年 4 月，3.5 亿注册用户的总游戏时长超过 32 亿小时，是世界上游戏时间（即在线时间）最长的游戏。越来

第一章
认识元宇宙：技术视角

越多的用户加入Fortnite，不是为了玩游戏，而是为了社交。很多青少年在Fortnite上与朋友交谈，谈论各种各样的话题。他们不把Fortnite当作游戏，而是看作一个社交软件，甚至是一个跟现实世界平行的虚拟世界。在这个虚拟世界里，人们跟真实世界一样生活着，进行各种各样的活动。Fortnite将真实的演出嵌入虚拟的游戏场景，先后举行过爱莉安娜·格兰德和特拉维斯·斯科特两位美国歌手的虚拟演唱会，在线人数分别为1200万和2700万。

Roblox是Roblox公司的一款开放世界游戏。在Roblox的世界中，游戏玩家不仅是游戏的参与者，也是游戏世界的创造者，可以自己搭建游戏应用（也被称为"体验"）并获得收益。这些收益既可以在该平台的其他游戏应用中使用，也可以提现。Roblox是UGC(User-Generated Content，使用者生成内容)游戏的代表，平台通过引导和激励两种机制，触发和推动UGC游戏创作的自循环，从而建构起多种多样的游戏内容体系。

Decentraland是一个区块链原生的元宇宙项目。这是一个基于以太坊区块链的3D开放数字世界，在2015年由创始人兼开发者阿里·梅利希和埃斯特班·奥尔达诺共同开发。梅利希的灵感完全来自《雪崩》，将现实中的城市、街区完整地搬移到数字空间。通过以太坊区块链，他让《雪崩》中描述的"元宇宙"变成了现实。作为区块链原生的元宇宙项目，Decentraland与游戏类项目存在的很大差异在于其拥有"数字土地"。2017年12月，它进行了第一批"数字土地"的拍卖。这一次总计拍卖了34356块"数字土地"，成交额价值约3000万美元。Decentraland还将应用场景扩大到学习、会议、拍卖和展览等多个领域，在虚拟空间搭建了一个更接近现实的世界。Decentraland 的 Genesis City（创世城）共有 90000 块"数字土地"，每块面积为 10×10 平方米，"数字土地"以坐标的方式代表所在的位置。同时，持有者可以在"数字土地"上建造建筑物，能够开展娱乐、创作、展示、教育等各种类型的活动①。

再次，它可能是指虚拟现实（Virtual Reality，VR）。正如 Meta 公司 CEO 马克·扎克伯格认为，"VR 是互联网世界的入口"。入口这个概念对互联网世界而言曾是决定性的要素之一。个人电脑（PC）互联网时代，IBM、HP 等计算机公司的辉煌，就是因为 PC 是互联网的入口；2008 年之后，苹果公司兴盛，就是因为智能手机是移动互联网的主要入口。对于元宇宙生态而言，入口的争夺同样是最为激烈的市场竞争。VR 智能设备，如 VR 头显、眼镜、鞋、跑步机、椅子等设备，可以分别捕捉不同的感官数据，用于提供虚拟空间的沉浸感，将人带进虚拟世界中。Meta 公司收购了 VR 的主要平台 OCULUS，将其用作 VR 的创作生产平台。作为平台，它希望为众多的创作者提供不同的 VR 场景，以便让人们进入 3D 的虚拟世界，并沉浸其中。

最后，它是指下一代互联网。全真互联网是由腾讯公司提出的下一代互联网概念。"它意味着线上线下的一体化，实体和电子方式的融合。虚拟世界和真实世界的大门已经打开，无论是从虚到实，还是由实入虚，都在致力于帮助用户实现更真实的体验。"②腾讯公司认为，从消费互联网到产业互联网，应用场景已经打开。通信、

---

① 参见于佳宁、何超：《元宇宙》，中信出版社 2021 年版，第 71 页。
② 山旭、冯春：《分层模型描述的"元宇宙"及下一代互联网》，《中国传媒科技》2022 年第 1 期。

第一章
认识元宇宙：技术视角

社交在视频化，视频会议、直播崛起，游戏也在云化。随着VR等新技术、新的硬件和软件在各种不同场景的推动，全真互联网带来的变革，就像曾经的PC互联网向移动互联网转型一样。微软CEO萨提亚·纳德拉也曾经表示，该公司打算通过一系列整合虚拟环境的新应用程序，让用户在相互联结的虚拟世界中生活、工作和娱乐，将数字世界和物理世界融合在一起。纳德拉认为，"随着数字世界和物理世界的融合，我们正在创建一个全新的平台层，即元宇宙"，"当我们谈论元宇宙时，我们描述的是新平台和新应用程序类型；类似于我们在90年代初谈论网络和网站的方式"。但这是一个不同的——而且范围更广的——命题，"元宇宙使我们能够将计算嵌入现实世界中，并将现实世界嵌入计算中，为任何数字空间带来真实的存在"①。

以上说法，其实都具有片面性。例如，虚拟现实只是体验元宇宙的一种方式。将虚拟现实看作元宇宙就像将某个App应用程序看作移动互联网一样。请注意，在没有VR、AR、MR、XR②等设备的情况下，目前每天仍然有数亿人参与虚拟世界（每月在其中花费数百亿小时）。另外，也不能以某种产品或某个平台来代表元宇宙，就像智能手机也不是移动互联网的全部一样。

但上述所有观点在所定义的语义条件下是有意义的，差别仅在于，对于同一事物，大家看到的、强调的角度不同。有一点是明确的，当前没有任何一个单一或统一的实体被大家公认为元宇宙。笔

---

① Microsoft's Vision for The Metaverse, According To CEO Satya Nadella. 2021.9. https://www.beyondgames.biz/17161/microsofts-vision-for-the-metaverse-according-to-ceo-satya-nadella/.

② 后文对此类名词缩写有详细解释。

者认为,"元宇宙愿景"是由许多相互影响、相互加强的信息和数字技术,如AI、大数据、云计算、物联网、区块链、人机交互、纳米技术等,集成赋能给各行各业,并且是在数字和物理世界相互作用下,融合形成的有机生态体系,在人类社会生产生活的方方面面具有广泛应用前景。我们将这种愿景称之为广义的元宇宙。之所以强调"愿景",是因为元宇宙概念代表人类未来特别是代表人类对未来的"美好"的期望,而且是动态的、演化的、不断发展的。

元宇宙成为2022年科技领域最受关注的概念,各大科技公司纷纷强化布局,部分国家亦给予高度重视,背后的原因可能涉及以下多个方面[①]。

支撑技术已经成熟但亟须创新。元宇宙愿景相关应用的底层支撑技术日趋成熟,但是,这些技术的经济潜力并未充分挖掘出来,原有的应用市场已经接近上限,急需新的大规模的应用场景出现。元宇宙愿景涉及数字内容生产、数字支付、网络通信、虚实交互等关键要素,主要依托人工智能、数字孪生、区块链、5G、VR、物联网等技术融合,这些技术均处于高速发展阶段,却一直没有对应的创新应用和颠覆性产品出现。例如,移动互联网已经实现高度覆盖,增量空间有限,IPv6和5G的作用因没有"新故事"而不能完全激发出来。而且互联网应用渗透的用户数量已经见顶,亟须各个厂商着眼未来进行布局投入。同时,随着新一代通信、运算、可视技术的显著进步,新的数字生态日益丰富,数字应用日益拓展,元宇宙愿景自然成为承载新生态和应用的理想平台。

---

① 参见王海龙、李阳春、李欲晓:《元宇宙发展演变及安全风险研究》,《网络与信息安全学报》2022年第8期。

新冠肺炎疫情催生线上虚拟生产、生活的刚需。新冠肺炎疫情催生多种典型的线上应用，加速元宇宙体系成熟。一方面，各国新冠肺炎疫情防控进入常态化阶段，全球的上网时间大幅增加，许多线下活动被迫搬到线上，疫情倒逼"居家经济"快速发展，社会正加速虚拟化；另一方面，原先短期的线上工作生活由例外状态成为常规状态，由原先现实世界的补充变成必要，人类现实生活开始向虚拟生活转变，特别是有些转变一经发生，迅速为人们所适应，"再也回不去了"。随着线上应用中虚拟世界功能的不断增强，甚至接近现实世界，未来将逐步实现双向打通——"虚拟到现实""现实到虚拟"，除了信息、数据等过去容易实现双向流动的要素，其他如劳动、土地、资本、价值等原本不易流动的生产要素也开始实现在两个世界间双向流通。人类逐渐成为现实与数字的"两栖物种"。

商业价值前景驱动资本入局。毋庸置疑，元宇宙愿景具有巨大的商业价值和广阔的应用前景，商业利益驱动资本入局。元宇宙作为一个开放复杂的巨系统，是由各类软硬件设备和现实环境构建而成的超大型数字应用生态，有望突破当前互联网应用饱和的瓶颈，蕴含着以虚拟经济为代表的新经济形态，其产业的拓展空间和发展潜力都非常巨大。例如，元宇宙本身的沉浸式体验在消费和生产领域均拥有广阔的应用场景。彭博行业研究报告预计2024年其市场规模将达到8000亿美元；普华永道预计2030年其市场规模将达到1.5万亿美元；而国际数据公司（International Data Corporation，IDC）预测，全球虚拟现实产业规模在2020—2024年年均增长率将达54%①。2021年10月，在Facebook改名为Meta后，立刻向元宇宙项目投资5000万美元，打造Meta版的元宇宙。英伟达、谷歌、腾讯、阿里巴巴、字节跳动等科技企业亦纷纷向元宇宙进军。随着新技术应用的不断开发，元宇宙将进一步带动虚拟现实相关产业的爆发。

政治力量背后推动科技垄断的野心。元宇宙浪潮背后亦有政治力量的推动，或成为巩固美国科技领导地位的新舞台。美国一方面因中国在5G、人工智能、纳米技术等领域发展迅速，对中国科技公司进行全面封锁打压；另一方面积极在6G、生物技术、芯片等领域提出新的标准和战略概念，试图在新的领域抢先布局，重新夺回全球领先地位。另外，Meta、微软、谷歌、苹果等互联网科技公司的地位也被华为、字节跳动、腾讯、阿里巴巴等公司挑战，整个社会，从政治精英到普通民众，充满被中国赶超的全民焦虑。尤其是Meta公司，近两年在避税、竞争、垄断、侵犯个人隐私权及知识产权等问题上饱受争议和批评，且其原有应用市场已经接近饱和，使得这家美国互联网科技巨头全面推动元宇宙"战略"，积极与美国政策制定者洽谈，寻求政治力量支持，构建新的竞争疆域，重建美国科技垄断。

二　元宇宙全景图

早在21世纪初，就有众多的创新者关注到斯蒂芬森所说的元宇

---

① See International Data Corporation. IDC worldwide augmented and virtual reality spending guide. MA USA: International Data Corporation, 2020.

第一章
认识元宇宙：技术视角

宙中的虚拟现实与3D呈现的可能性。在2007年，由加速研究基金会（Acceleration Studies Foundation）发起了跨行业峰会"元宇宙路线图"（Metaverse Roadmap），发布了75页的产业目录与25页的研究报告。在名为《元宇宙路线图：通往3D网络的路径》的研究报告中[1]，约翰·斯马特等提出了一个元宇宙四象限框架[2]，对于理解当时元宇宙的生态系统具有很强的指导意义。

经过10多年的发展，科技突飞猛进，当时设想的元宇宙的各种技术和应用场景，有的已经成为现实，有的仍在发展阶段。有的称谓，内涵已经与当下有所不同。然而，其思想方法依旧有效。参考"元宇宙路线图"，借鉴它的思考方法，结合最新的科技进展和元宇宙各种应用场景，我们重新定义了元宇宙四象限全景图，以此描绘当前和可以预见的未来的元宇宙技术和各种主要的应用场景，帮助读者从宏观层面理解元宇宙生态系统。

两个轴坐标变量代表观察宇宙世界的两个维度。如图1—1所示，第一个维度，四象限图的横轴代表的是从关注外部世界到内部本质和联系的变化量，具体来说，横轴是指从关注整个外部环境（包括自然的、物理的环境和现实中的人）到关注物理对象和人类社会（个人、组织和社会）的身份[3]、行为之间的联系的连续变化量；第二个维度，四象限图的纵轴代表的是智能增强现实世界到模拟仿真现实世界甚至创造原生虚拟世界的变化量，具体而言，是指

---

[1] Smart, J., Cascio, J., & Paffendorf, J. (2007). Metaverse roadmap: pathways to the 3D web. Metaverse: a cross-industry public foresight project.

[2] 本书第三章有进一步阐述。

[3] 在第三章"个人元宇宙"中，我们将详细定义"身份"的概念。这里可以理解为个人和对象的独一无二的标志。

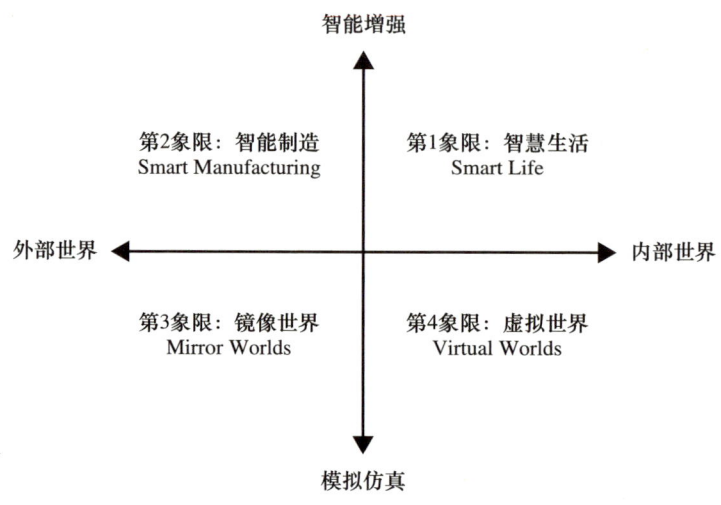

图1—1 元宇宙全景图

利用人工智能和网络赋能现实世界（包括自然和社会），到对现实世界进行建模、仿真和创造的数字世界的连续变化量。上下空间代表现实世界和数字世界，左右空间代表整个外部世界（自然的、物理的，包括社会中真实的人）和内部世界（以个体代理和身份为核心的物理对象、个人和整个人类社会在数字空间的抽象本质和相互联系）。观察时这样考虑连续变化量：从上到下——真实的世界，包括自然、社会、生活、业务、制造、工厂变得越来越虚拟；从下到上——虚拟的世界，包括虚拟社会、人际、物理模型、工厂仿真变得越来越真实；从左到右——现实的物理世界、自然世界和人类社会越来越从外部的镜像模仿真实世界，到越来越抽象地反映事物内部本质、相互联系；从右到左——从抽象地反映事物内部本质、相互联系甚至原生的虚拟创造，到越来越反映客观的现实存在。

一言以蔽之：两个维度代表更加"虚拟的"现实、更加"现实的"虚拟；从具体地反映世界到更加抽象、从抽象地反映世界到更加具体。这两个连续变量反映的不是虚拟世界，而是虚拟世界和现实世界的融合。

横向坐标维度强调外部直接映射到反映内部本质和联系。从横向坐标来看，当人们关注"外部世界"时，通常做的是利用传感器、芯片、处理器和软件，给物理对象安装"大脑"，利用无处不在的传感器和物联设备，将万物互联，起决定作用的核心技术是物联网、人工智能、大数据、云计算。其核心概念是"智能创造"和"数字孪生"。当关注"内部世界"时，人们则努力通过身份系统和交互技术，将现实世界的个人、组织、社会关系映射到数字世界中去，去实现数字世界中的个人的身份特征，如品格、情感、经历、记忆；实现数字世界中人与人的互动特征，如朋友交往、社交；实现数字世界中的社会系统，如人与人之间的信任、社会名声；实现数字世界中的经济系统等。这里起决定作用的核心技术是人工智能、区块链、云计算、边缘计算和游戏技术。

纵向坐标维度强调智能增强和模拟仿真。从纵向坐标来看，当关注"智能增强"[1]时，人们通常做的是利用人工智能和网络技术赋能各个产业和社会生活。对于工业，就是智能制造；对于社会，就是智慧生活。通过工业智能化，给机器和产品装上各种传感器、芯片、处理器和软件，让它们拥有智能外挂——类似人类的五官和大脑，让机器和产品拥有"思想"，能够感知环境变化，可以实时进行监测、控制、优化和自动化。当前最典型的例子是智能汽车。

---

[1] 元宇宙四象限全景图构建同时受到美国管理学家，企业经营策略和竞争力的权威专家 Porter 与 Heppelmann 论文的启发。相关论文引用：Porter, M. E., & Heppelmann, J. E. (2014). How smart, connected products are transforming competition. *Harvard business review*, 92(11), 64–88.

对于个人和社会生活，人们试图用人工智能和网络技术去强化个体的体力、记忆、知识、表达，增强人与人之间的相互联系，利用各种软件工具方便我们的生活。例如，个人在小红书上发图片记录生活与心情时，其实就是在用数字技术进行生活记录，方便人们的生活。未来，人的记忆、人的知识、人的智慧甚至也可以保存在数字世界。通过人工智能和网络增强现实世界和人类的智能，服务人类的生活，这是"智能增强"方向的深刻内涵。

当关注"模拟仿真"时，一方面，人们通常重视对物理和现实系统精确地建模，得到各种物理系统的数字模型，进行模拟仿真、监测和控制，并预测未来发展走向，如大气模拟、飞行建模等；另一方面，也有对社会经济系统、社会关系系统、个人身份系统、社会价值系统的数字建模与模拟创造等。对于社会系统的模拟，则包括人际关系、组织关系、社会关系、经济系统、价值系统等，既包括真实社会在虚拟世界的映射仿真，也包括不存在于现实世界，仅存在于数字世界的数字创造——原生虚拟内容。对于"模拟仿真"而言，起决定作用的核心技术是模拟建模、仿真引擎、人工智能、大数据、云计算，以及建设人类经济系统的基石——区块链、非同质化代币[①]等。物理世界的模拟仿真强调真实地反映自然规则；社会生活的模拟仿真则强调"数字创造"，意味着在数字空间中社会模拟是现实世界的"超集"，源于生活、高于生活，既有映射又有创造，同时有只原生于虚拟世界的内容，而这恰恰可能成为元宇宙

---

① 非同质化代币，是一种建立在区块链数字账本上的数据单位，每个代币可以代表一个独特的数字数据，作为虚拟商品所有权的电子认证或凭证。非同质化代币可以代表数字资产，如画作、艺术品、声音、影片、游戏中的项目或其他形式的创意作品。

第一章
认识元宇宙：技术视角

的突出价值所在。通过模拟仿真在数字世界重建现实世界，现实与想象相融合，共同创新、创造美好的人类生活，这是"模拟仿真"方向的深刻内涵。

下面逐一察看四个象限。如图1—2所示。

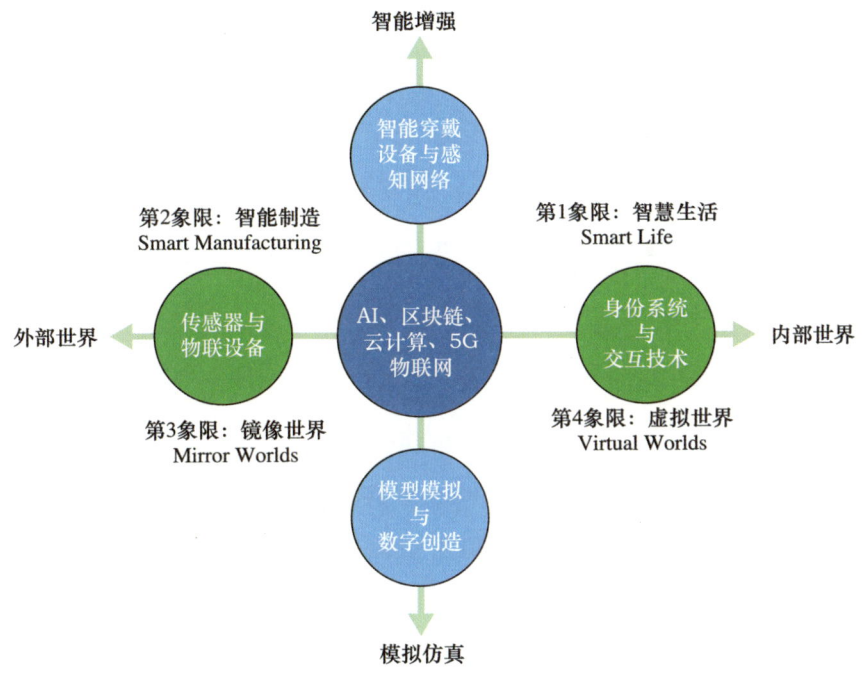

图1—2　元宇宙四象限全景图

第4象限（虚拟世界—Virtual Worlds）。这是大部分人关心的狭义的元宇宙。当人们试图在数字世界构造一个虚拟的人类社会时，人们就进入了虚拟世界。《雪崩》所描绘的虚拟世界就落在这个象限里。在这里，将拥有与现实的人类社会一样的个体的化身（或物理对象的代理），以及在化身的基础上形成的组织、社会关系、经济系统、价值系统甚至政治系统。个体也可以在这个完全的虚拟空间里工作、创作、休闲、娱乐。许多多人在线游戏和开放世界游戏都落在这个象限里。早在2001年,Active Worlds①的开发者就总结出了这类虚拟开放世界与其他休闲娱乐游戏和产品所不同的要点②,对当前流行的开放世界游戏影响深远:一是公民身份。虚拟世界的用户分为普通游客和付费"公民",普通游客只能出入公共空间,进行有限的社区行为,而付费"公民"则可以解锁更大的选择范围。二是数字财产所有权。在Active Worlds中有两种空间类型,一种是公有空间,所有玩家都可以在上面建立属于自己的建筑;另一种是私有空间,只有特定的付费群体才可以在上面建造建筑,并拥有对于建筑的"所有权",这已经有了NFT的原始样子。三是用户与群体的分化。在虚拟世界中,会存在拥有不同属性的用户个体,同时还会有真实角色和虚拟角色的区别,虚拟角色也就是人们熟悉的NPC③(Non-player Character)。另外,整个游戏当中不止一个世界,在Active Worlds中共有800多个子世界,这些世界可以属于Active Worlds,也可以属于个人用户,不同的世界具有不同的特点和规则,可以理解成不同的游戏副本,不同群体也会根据自己的偏好选择适合自己的子世界。

　　虚拟世界在向现实世界模拟的路上,总是从两个维度上逐步趋近,一个是物理上的维度,从文本到图形再到3D,人们把真实世

---

① Active Worlds 是一个在线虚拟世界,由位于马萨诸塞州纽伯里波特的ActiveWorlds Inc.开发,并于1995年6月28日启动。用户为自己命名,登录Active Worlds Universe,并探索其他人构建的3D虚拟世界和环境。

② See Schroeder R, Huxor A, Smith A. Activeworlds: geography and social interaction in virtual reality. *Futures*, 2001, 33(7): 569-587.

③ NPC是Non-player Character的缩写,是游戏中的一种角色类型,意思是非玩家角色,指的是电子游戏中不受真人玩家操纵的游戏角色,这个概念最早源于单机游戏,后来逐渐被应用到其他游戏领域中。

第一章
认识元宇宙：技术视角

界的物理规则同步到虚拟世界当中；另一个是社会上的维度，人们把现实社会中人与人之间的社交关系也移植进来，试图建立更广阔的社交网络。这时，只是视觉层面的技术建设就显得过于单薄了，虚拟世界需要引入更多的现实社会机制，虚拟经济系统因此应运而生。2002年发布的《第二人生》（Second Life）改变了之前的简单交易行为，与Active Worlds一样，也是最经典、最早期的元宇宙探索之一。在"元宇宙路线图"中，这款游戏就作为当时的元宇宙的典型应用被给予了充分分析。更重要的是，Second Life发展到现在，仍然是一款广受用户欢迎的开放世界游戏，并且有了更加"当代"的元宇宙体验。在这个游戏里，用户叫作"居民"，"居民"拥有自己的住宅、自己的车库、自己的汽车，当然也有自己的邻居。用户选择住宅的标准依然有三个，分别是地段、地段、地段。居民可以通过可运动的虚拟化身互相交互。这套程序还在通常的元宇宙的基础上提供了一个高层次的社交网络服务，居民们可以四处闲逛。在这里，人们经常会碰到其他的居民，进行社交，参加个人或集体活动，制造和相互交易虚拟财产和服务。人们可以随时通过菜单，即时穿越到感兴趣的应用场景。当然，如果不是付费用户，人们可能刚一进入，就被"踢出来"。这里甚至还有"成人区"，一般用户不能入内。而且，Second Life允许用户在虚拟世界中创造物品，这些物品可以通过游戏内流通的虚拟货币——Linden Dollar来买卖。与其他应用不同的是，玩家可以在由居民组成的专门市场，Linden实验室（Linden Lab）①或其他一些实体公司将游戏内的

---

① Linden Lab以Linden Research或Linden Inc.的名义开展业务，是一家美国技术公司，以《第二人生》的创建者而闻名。

代币按照实时的汇率兑换成美元。类似Second Life的应用还包括Fortnite、Minecraft和Roblox等开放世界游戏。

当比特币、区块链的概念和应用逐渐进入大众视野后,虚拟世界向着去中心化的方向逐渐发展。其中的代表包括Decentraland、The Sandbox、Cryptovoxels、Somnium Space和Upland等,这些元宇宙项目的共同点是希望通过使用区块链来取代Minecraft和Roblox之类的开放世界平台。在此类项目中,众多可协同工作的用户和服务器节点构成了去中心化虚拟世界的底层基础,不同节点的数据共享互通,保证了虚拟世界的稳定运行,开源系统则让虚拟世界可以自我完善。有了区块链和NFT的加持,虚拟世界的经济系统和价值体系就有了完整的解决方案。至此,虚拟世界来到了去中心化、自发发展、自我演化的阶段,所有用户共同成为了虚拟世界的所有者以及创建者。当前,这一演化过程仍在继续,但元宇宙中的"虚拟世界"已经渐渐呈现出清晰的轮廓。

第3象限(镜像世界—Mirror Worlds)。当人们试图模拟一个跟现实一样的数字世界时,人们创造的世界就属于"镜像世界",也有人称之为"数字孪生"(Digital Twins)。现在人们常说的数字孪生,如数字地球、数字城市,或者一座工厂、一架飞机的数字模型,用以进行模拟、制造、运行仿真,这属于镜像世界象限。在科技文献的严格定义下,数字孪生是指物理世界和数字空间交互的概念体系,综合运用感知、计算、建模等信息技术,通过软件定义,对物理世界进行描述、诊断、预测、决策,进而实现物理世界与数字空间的交互映射[①]。作为一种充分利用模型、数据、智能并集成多学科的技术,数字孪生

---

① 参见胡权:《数字孪生体 第四次工业革命的通用目的技术》,人民邮电出版社2021年版。

第一章
认识元宇宙：技术视角

面向产品全生命周期过程，发挥连接物理世界和信息世界的桥梁和纽带作用，提供更加实时、高效、智能的服务[①]。典型的例子是微软的飞行模拟器（Microsoft Flight Simulator），它是市场上运行时间最长、最著名和最全面的飞行模拟器程序之一，也是历史上迄今最真实、最广泛的飞行模拟。它包括2万亿棵单独渲染的树木、15亿座建筑物以及全球几乎每条道路、山脉、城市和机场……所有这些看起来都像是"真实的东西"，因为它们都是基于对真实事物的高质量扫描。它甚至可以时时更新以反映真实世界的天气（包括准确的风速和风向、温度、湿度、雨量和照明）和空中交通。

更多数字孪生的例子应用在产品生产和设计中。许多国际著名企业已开始探索数字孪生技术在产品设计、生产制造和服务、故障预测与健康管理等方面的应用。在产品设计方面，针对复杂产品创新设计，达索公司建立了基于数字孪生的3D体验平台，利用用户交互反馈的信息不断改进信息世界中的产品设计模型，并反馈到物理实体产品进行改进[②]。在生产制造和服务方面，西门子基于数字孪生理念构建了整合制造流程的生产系统模型，形成了基于模型的虚拟企业和基于自动化技术的企业镜像，支持企业进行涵盖其整个价值链的整合及数字化转型，并在西门子工业设备Nanobox PC的生产流程中开展了应用验证。在故障预测与健康管理方面，美国国家航空航天局(National Aeronautics and Space Administration,

---

[①] 参见陶飞、刘蔚然、刘检华等：《数字孪生及其应用探索》，《计算机集成制造系统》2018年第1期。

[②] See Fourgeau E, Gomez E, Adli H, et al. System engineering workbench for multi-views systems methodology with 3DEXPERIENCE Platform. the aircraft radar use case. Complex Systems Design & Management Asia. Springer, Cham, 2016: 269–270.

NASA)将物理系统与其等效的虚拟系统相结合,研究了基于数字孪生的复杂系统故障预测与消除方法,并应用在飞机、飞行器、运载火箭等飞行系统的健康管理中①。美国空军研究实验室结构科学中心通过将超高保真的飞机虚拟模型与影响飞行的结构偏差和温度计算模型相结合,开展了基于数字孪生的飞机结构寿命预测。2021年6月,欧盟资助并启动了迄今最大的数字孪生项目——为期10年的地球孪生项目②,涉及创建一个数字孪生来反映整个地球,在10年内将收集来自全球各地的气候数据,并将所有这些数据整合到一个数字孪生,旨在监测地球气候变化并模拟整个地球自然环境中正在发生的事情和人类可能采取的行动的影响。

中国国家发改委和中央网信办在2020年4月7日发布的《关于推进"上云用数赋智"行动培育新经济发展实施方案》中,明确提出了"数字孪生创新计划",这是中国的数字孪生体战略③。2022年1月10日,由全国信标委智慧城市标准工作组组织编制的《城市数字孪生标准化白皮书(2022版)》正式发布。白皮书由中国电子技术标准化研究院联合中国信息通信研究院、腾讯、华为等41家单位共同编制。白皮书构建了城市数字孪生标准化路线图,为后续相关标准研制、应用实施指明了方向。

第2象限(智能制造—Smart Manufacturing)。当人们试图用

---

① See Grieves M, Vickers J. Digital twin: Mitigating unpredictable, undesirable emergent behavior in complex systems. Transdisciplinary perspectives on complex systems. Springer, Cham, 2017: 85-113.

② Biggest Digital Twin ever,IEEE欧洲委员会网站,https://cmte.ieee.org/futuredirections/2021/03/12/biggest-digital-twin-ever/.

③ 参见胡权:《数字孪生体 第四次工业革命的通用目的技术》,人民邮电出版社2021年版,第16页。

第一章
认识元宇宙：技术视角

人工智能技术去增强现实世界中的自然世界和物理世界时，人们就是让物理世界除了具备其原有的物理特性外，还拥有一个"数字大脑"。人们所创造的就是"智能制造"世界。智能制造从产品、生产、模式、基础四个维度，将智能化与工业化深度融合。其中，智能产品是主体，智能生产是主线，以用户为中心的产业模式变革是主题，以信息物理系统（cyber physical system，CPS）和工业互联网为基础[1]。曾经仅由机械和电气部件组成的产品已成为复杂的系统，以多种方式结合了硬件、传感器、数据存储、微处理器、软件和连接器。这些"智能互联产品"——通过处理能力和设备小型化的巨大改进以及无处不在的无线连接带来的网络优势——开启了一个新的竞争时代[2]。

智能制造在人类的生产活动中大量引进人工智能技术和智能机器，组成人机一体化智能系统，在制造过程中能进行智能活动，诸如分析、推理、判断、构思和决策等。通过人与智能机器的合作共事，去扩大、延伸和部分地取代人类专家在制造过程中的脑力劳动。它把制造自动化的概念更新，扩展到柔性化、智能化和高度集成化。大到如智能工业、农业，小到如智能家居、智能窗帘等。例如，Google无人驾驶汽车集成了红外摄像机、雷达传感器、激光测距仪、惯性导航系统等设备，配合专用软件系统，可以同时对包括行人、其他车辆在内的数百个目标保持监测，能更迅速、更有效地做出反应。

---

[1] 参见周济：《智能制造——"中国制造2025"的主攻方向》，《中国机械工程》2015年第17期。

[2] See Porter, M. E., & Heppelmann, J. E. How Smart, Connected Products Are Transforming Competition. *Harvard business review*, (2014). 92 (11), 64–88.

智能制造关乎国家命运。随着新一代信息技术（如云计算、物联网、大数据等）与制造业的融合与落地应用，世界各国纷纷出台了各自的先进制造发展战略，如美国工业互联网和德国工业4.0，其目的之一是借力新一代信息技术，实现制造的物理世界和信息世界的互联互通与智能化操作，进而实现智能制造。与此同时，在"制造强国"和"网络强国"大战略背景下，中国也先后出台了"中国制造2025"和"互联网+"等制造业国家发展实施战略。2021年12月，国家工业和信息化部八部门联合印发《"十四五"智能制造发展规划》，强调了我国制造强国建设的主攻方向。

需要强调的是，我们将智能制造映射到元宇宙全景的一个单独象限中，继承了加速研究基金会的思想，符合《元宇宙路线图：通往3D网络的路径》作者的本意[①]。

第1象限（智慧生活—Smart Life）。元宇宙应用其实离人们很近。事实上，人们无时无刻不生活在智慧生活象限。当人们在人工智能、大数据、互联网等技术赋能下，每个个体的生活更加方便幸福时，人们就进入了智慧生活象限。在这里，AI无处不在，渗透到生活的方方面面。比如，人们在驾驶智能汽车时，AI会使用面部识别算法检测司机是否注意路况，并在司机感觉疲惫和劳累时发出提醒。一个有趣的例子是LG的智能产品[②]。LG最初生产了一种叫Internet Digital DIOS的智能冰箱，可以通过摄像头显示冰箱中

---

① 在《元宇宙路线图：通往3D网络的路径》中，第2象限被称为"Augmented Reality"（增强现实）。经过多年的技术演变，"增强现实"这个概念已经发生了重大变化。

② See Henkens, B., Verleye, K., & Larivière, B. (2021). The smarter, the better?! Customer well-being, engagement, and perceptions in smart service systems. *International Journal of Research in Marketing*, 38(2), 425–447.

的物品，并可以连接到互联网，允许客户搜索食谱或天气预报；之后，这款产品继续演进成一款叫InstaView ThinQ的智能冰箱，它可以识别装在箱里面的杂货，并根据此信息建议用户通过互联网连接杂货店，重新订购物品、食材和一些其他选项。AI渗透到人们日常生活的各种工具中——从语音助手到语言翻译，从微信、微博、抖音到脸书、推特。在中国，人们离开了微信，甚至会手足无措。目前中国超过12亿人在使用微信，单人日均使用微信时长高达90分钟以上[①]。实际上，人们每天使用微信的时间比统计数字更长。尤其新冠肺炎疫情之后，许多老年人也加入重度"微信依赖症"阵营。有趣的是，与其说人们被微信绑架了，不如说人们是面带着微笑，主动把时间和生活送给了微信。现实生活与AI、大数据在"智慧生活"象限里融合，人们在科技的帮助下，在这里购物、在这里交流、在这里娱乐、在这里生活。

　　四象限图的关键是融合。需要强调，元宇宙四象限全景图仅仅是示意图，理解其内涵的关键不是分隔，而是融合。任何一个应用场景都必然跨越单个象限，仅仅是其"主体"落在某个象限里。以数字孪生为例，数字孪生既要在静态上满足与物理对象的相似，又要能够通过"动态数据驱动"，让实时的数据在仿真模型的体内流动起来。更新数据，需要通过数据自动化来驱动。所以，这要求物理对象先实现数字化，让物理对象从建造到运行的生命全流程都可以用数据表达。这样之后，再通过物联网等方式，把这些"血液"实时输送到数字孪生体里。这就是一个为数字孪生体"造血"的过

---

① 参见《2021新媒体内容生态数据报告》，第一财经商业数据中心，https://www.cbndata.com/report/2818/detail?isReading=report&page=1.

程。这个时候，数字孪生体也就从一个静态的仿真模型转化成了一个动态的仿真模型。在人工智能的帮助下，数字孪生体可以在前面"有血有肉"的动态孪生体的基础上，更进一步，外挂"大脑"，变得拥有智慧——这是第1、2象限所要表达的内涵。"拥有智慧"主要指的是，它能够应对"不确定性"。具体来说，如果是一个没有智慧的动态孪生体仿真模型，它只能用来进行模拟仿真，或者，能够进一步，解决以前经历过的问题，而对于那些"不知道的未知问题"没有办法。但是，一个拥有智慧的数字孪生体，可以通过对大量数据的学习，构建起自我感知和修复的能力，从而根据实际情况调整运行状态。这个过程，恰恰是"智能增强"的深刻内涵。因此，对于数字孪生而言，仅仅是其主体部分的技术和应用落在第3象限中。图1—2中其他的应用场景均是如此。

更多的应用场景和概念，如工业元宇宙和企业元宇宙，包含整个示意空间。有专家学者提出了工业元宇宙的概念，"工业元宇宙即元宇宙相关技术在工业领域的应用，将现实工业环境中的研发设计、生产制造、营销销售、售后服务等环节和场景在虚拟空间实现全面部署，通过打通虚拟空间和现实空间实现工业的改进和优化，形成全新的制造和服务体系，达到降低成本、提高生产效率、高效协同的效果，促进工业高质量发展"[①]。工业元宇宙"由虚向实"，实现"虚实协同"。工业元宇宙与"数字孪生"概念有类似之处，两者的区别在于，数字孪生是现实世界向虚拟世界的精确映射，通过在虚拟世界对生产过程、生产设备的控制来模拟现实世界的工业生产；工业元宇宙则比数字孪生更具广阔的想象力，工业元宇宙所反

---

① 涂彦平：《工业元宇宙：展望智能制造的未来形态》，《中国外资》2022年第7期。

映的虚拟世界不止有现实世界的映射，还具有现实世界中尚未实现甚至无法实现的体验与交互。另外，工业元宇宙更加重视虚拟空间和现实空间的协同联动，从而实现虚拟操作指导现实工业。可见，工业元宇宙并没有局限于"镜像世界"象限，而是跨越了第2、3象限，甚至部分延展到第1、4象限。

微软董事长兼CEO萨提亚·纳德拉在全球合作伙伴大会Inspire上官宣了企业元宇宙（Enterprise Metaverse）解决方案。他用"企业元宇宙"来描述数字孪生、物联网等一系列的微软Azure产品线的未来愿景。企业元宇宙强调企业级生产应用。他表示，企业元宇宙是智能高效打通企业研发、制造、协作、分销、展示、终端、客户反馈等环节，从而形成高质、高效闭环迭代的关键。企业元宇宙融汇了物联网、数字孪生和混合现实。"你可以从数字孪生开始，建立一个丰富的物理或逻辑数字模型，无论是资产、产品还是复杂环境，都能跨越人、地、物及其相互作用。数字孪生实时绑定物理世界，你可以使用混合现实，监视环境并在其中协作。"他认为，未来企业元宇宙将成为每个企业必备的一种新型基础设施：在设计阶段，产品蓝图将以3D的形式在三维虚拟空间中呈现，以可视化方式虚拟验证设计、规划；在生产、研发、交流、制造阶段，则可以达成虚实共生，优化产品全生命周期过程。由此可见，无论是工业元宇宙还是企业元宇宙，都突破了某一单独象限，存在于整个元宇宙生态中。

需要强调的是，因为有许多业界专家学者仅仅把"虚拟世界"这一象限理解为元宇宙，我们将这种观点称为"狭义的元宇宙"。在当前对元宇宙的研究和评论中，往往过分强调元宇宙的"虚拟"部分，而忽视了其"现实"部分，强调了某一象限的应用，而忽视了元宇宙愿景的全貌。这样的元宇宙愿景必然是不全面的。实际上，正如四象限全景图所描绘的那样，元宇宙愿景是一个完整的生态，现实与虚拟、自然和社会的融合，才是元宇宙的本质特征。

构建元宇宙四象限图的目标是从技术和应用场景方面宏观地理解元宇宙生态。其核心理念不是试图将某种应用场景归纳到某个象限，而恰恰是要打破原来的思维界限，在各种先进数字技术的驱动和改造下，让各种应用场景走向融合，形成一个更大、更包容，既在概念上各有重点、相对独立，又最终达成世界万物统一互联的理想状态。元宇宙必将对人类的生活、工作、社会生产、商业经营、经济发展带来深远影响。元宇宙的发展和演进将从根本上改变人们的生产和生活方式，正如移动互联网已经带来的改变一样。没有一个"元宇宙"平台可以将这个转变过程毕其功于一役，这些"改变"将依赖于四个象限中许多不同的、次要的创新和发明，这些创新和发明相互协作、相互推动。当前，即使能够对这些新兴技术进行最详细的剖析，但也无法明确地指出，到底需要哪些具体的、次要的创新和发明才能最终实现元宇宙的相关应用，令这些应用得到大规模普及，并彻底改变世界。因为这种转变是演进的、迭代的，有的尝试可能很快被放弃，有的应用开始并未显示出足够的新奇，却孕育着巨大的机会。元宇宙不会从根本上取代互联网，而会在迭代中潜移默化地改造它。未来，只有在回顾时，才能真正体会到这种变化的巨大。

三　元宇宙的核心特征

Roblox公司的CEO大卫·巴斯祖奇在Roblox公司的招股书中

第一章
认识元宇宙：技术视角

提出，Roblox平台具备以下八项关键特征：身份（Identity）、朋友（Friends）、沉浸感（Immersive）、低延迟（Low Friction）、多元化（Variety）、随地（Anywhere）、经济系统（Economy）和文明（Civility），这八项关键特征，也被许多人认为是评判一款产品是否具有元宇宙"属性"的标准。如图1—3所示。

图1—3　Roblox：元宇宙的关键特征

来源：David Baszucki. The eight features of the metaverse. https://venturebeat.com/2021/01/27/roblox-ceo-dave-baszucki-believes-users-will-create-the-metaverse/.

虽然存在不同的争议，但其中的大部分都被当前业界所接受。大卫·巴斯祖奇靠游戏行业起家，他所总结的这些特点，是以Roblox平台为基本出发点的，便使得这些特点更多地体现了四象限图中第4象限虚拟世界的特征，但也不失一般性，可以推广到其他应用场景。我们认同虚拟空间的这些特点，并在此基础上，进一步进行概括和总结。

表1—2 Roblox平台所定义的元宇宙的特征

特 征	解 释
Identity（身份）	每个人登录Roblox平台之后，都会获得一个身份。这个身份是人们在真实世界的身份在虚拟世界的映射，跟人们是一一对应的。因此，每个人都可以在元宇宙中有一个"化身"。身份将是构建起完整元宇宙生态链的第一步
Friends（朋友）	Roblox平台内置了社交网络，每个化身，都在元宇宙中进行活动、交流
Immersive（沉浸感）	沉浸感迄今为止是当前人机交互中被人越来越重视的一部分。在Roblox游戏中，玩家会随着剧情的发展而非外界影响感知角色。玩家是否可以对游戏角色进行控制以及由此带来的真实体验是影响游戏是否成功的重要因素
Low Friction（低延迟）	游戏延迟就是数据从游戏客户端到服务器再返回的速度。网络状态越好，服务器响应越快；使用人数越少，延迟就会越低。在一些需要快速反应的游戏中，如竞技类、对战类，延迟对于游戏的影响很大
Variety（多元化）	虚拟世界有超越现实的自由和多元性
Anywhere（随地）	不受地点的限制，可以利用终端随时随地出入游戏；也可瞬时移动（teleport）到元宇宙的任何地方
Economy（经济）	有自己的经济系统和类似现实世界的货币交易系统。元宇宙经济是数字经济的特殊形式，体现出元宇宙经济的特殊性。元宇宙经济要素包括数字创造、数字资产、数字市场、数字货币、数字消费。其特征明显区别于传统经济，表现为计划和市场的统一、生产和消费的统一、监管和自由的统一、行为和信用的统一
Civility（文明）	有自己的文明体系。几个人可能组成社区，社区就组成了大的城市，甚至形成各种规则——大家做出共同的规则，然后在里边共同生活下去，演化成一个文明社会

来源：David Baszucki. The eight features of the metaverse. https://venturebeat.com/2021/01/27/roblox-ceo-dave-baszucki-believes-users-will-create-the-metaverse/.

Beamable[①]的创始人乔·拉多夫从市场价值的角度提出了构造元宇宙的七个层面，如图1—4、表1—3所示。依次为：体验（Experience）、发现（Discovery）、创作者经济（Creator Economy）、

---

① Beamable Inc.是一家位于马萨诸塞州波士顿的技术公司。他们最著名的产品叫Live Ops，是针对使用Unity 3D的游戏开发人员的产品，这些开发人员使用拖放界面实现"游戏即服务"。这是一种软件即服务形式，它可以为玩家提供游戏内店面、商品销售、内容管理和社交互动，以及与Unity集成的技术。

空间计算（Spatial Computing）、去中心化（Decentralization）、人机交互（Human Interface）和基础设施（Infrastructure）。作为一家提供游戏集成工具的公司CEO，乔·拉多夫的七层价值链观点更多的是帮助开发者创作和构建元宇宙应用，用来体现元宇宙价值的。乔·拉多夫格外强调了去中心化对于元宇宙未来愿景的重要性。这些特点也主要强调了第4象限"虚拟空间"的应用场景，但大部分特点不失一般性，可以推广到其他象限的各种应用中。

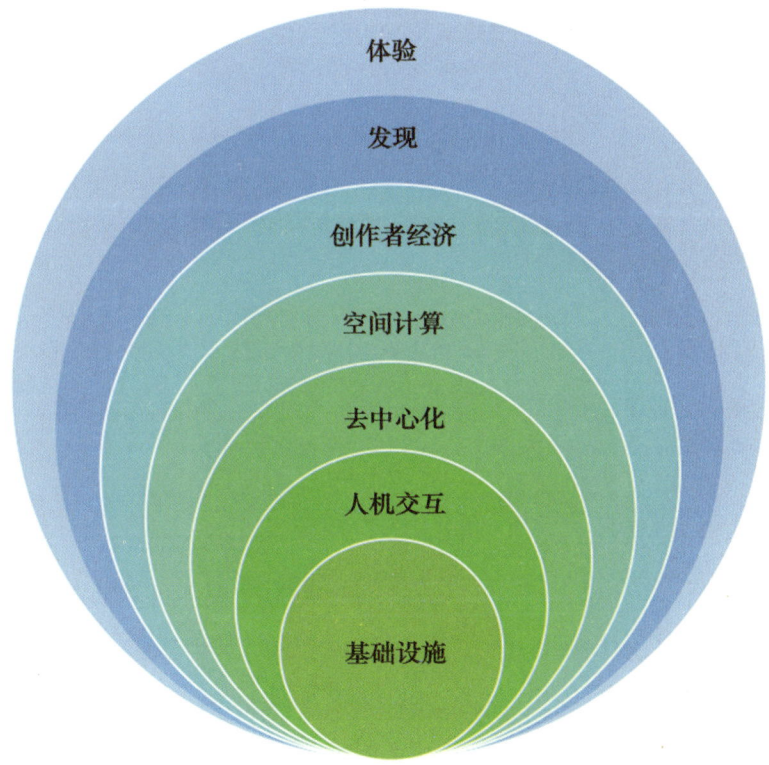

图1—4　Beamable：从市场价值角度提出元宇宙的七个层面

来源：Jon Radoff. The Metaverse Value-Chain. https://medium.com/building-the-metaverse/the-metaverse-value-chain-afcf9e09e3a7.

表1—3　乔·拉多夫从市场价值的角度提出构造元宇宙的七个层面

层	解 释
Experience（体验）	体验层是指个体用户实际参与的活动或事件，包括游戏、社交体验、现场音乐等
Discovery（发现）	发现层是人们了解元宇宙内的各种事件，各种体验在哪里存在，如何存在的方式和行为。发现层主要聚焦于如何把人们吸引到元宇宙
Creator Economy（创作者经济）	创作者经济层是帮助创作者为Metaverse制作内容、产品或者服务，并从中获利的一层，包括：设计工具、动画系统、图形工具、货币化技术等。这部分内容主要和第4象限相关。
spatial computing（空间计算）	空间计算层实际是包括3D引擎、VR、AR、XR、多任务处理UI、空间地理制图等技术的总称
Decentralization（去中心化）	去中心化层包括边缘计算、区块链等帮助生态系统构建分布式架构
Human Interface（人机交互）	人机交互层包括人们以各种不同的方式与虚拟世界和现实世界互动的方法
Infrastructure（基础设施）	基础设施层是指半导体、材料科学、云计算和电信网络，它们使构建任何更高层的元宇宙应用成为可能，类似于建造建筑物的地基

来源：Jon Radoff. The Metaverse Value-Chain. https://medium.com/building-the-metaverse/the-metaverse-value-chain-afcf9e09e3a7.

在强调体验时，人们通常用扩展现实XR(XR, Extended Reality)来概括各种体验：包括增强现实(Augmented Reality, AR)、虚拟现实(Virtual Reality, VR)和混合现实(Mixed Reality, MR)。虽然所有"现实"都有共同的重叠特征和要求，但每个都有不同的目的和底层技术。①如图1—5所示。

---

① 在第四章第二节有进一步解释。

第一章
认识元宇宙：技术视角

图1—5 扩展现实

来源：Huynh-The, T., Pham, Q. V., Pham, X. Q., Nguyen, T. T., Han, Z., & Kim, D. S. (2022). Artificial Intelligence for the Metaverse: A Survey. arXiv preprint arXiv:2202.10336.

四 如何理解元宇宙技术生态

以上分析，既通过元宇宙四象限全景图给出了我们对元宇宙的理解，也从不同侧面定义和给出了当前业界专家学者从技术发展角度对元宇宙的不同看法和观点。我们认为，理解元宇宙还要注意以下几个关键点。

图1—6 现实是理解元宇宙的第一要义

理解元宇宙，要立足"现实"。现实是理解元宇宙愿景的第一要义，如图1—6所示。现实世界既是一切元宇宙应用的原点，也是理解元宇宙生态的关键所在。首先，数字世界并非完全的想象，而是参照"现实世界"构建的。这既包括自然世界和物理世界，也包括人类社会。对于自然世界和物理世界的镜像，主要通过各种传感器、芯片、处理器、软件和网络连接，对自然世界和人类创造的各种工具进行智慧增强和建模仿真。建模仿真忠实于现实世界在数字世界的规律和本质再现，从飞行模拟、天气、污染、碳排放模拟到智慧交通、智慧城市、数字地球，目的是实时监测环境变化、控制运行、预测其发展演化，为人类社会服务。智能增强就是要给自然世界和人类创造的各种机器、产品和工具安装数字"大脑"，更好地为人类服务。正如英伟达创始人黄仁勋所认为的，基于现实的沉浸式模拟比更逼真的爆炸或街头比赛更重要。这里的沉浸式模拟，是"粒子物理学定律、重力定律、电磁定律、电磁波定律，（包括）光和无线电波……压力和声音定律"等的应用。人们将在元宇宙的世界中"建造和设计更多的汽车、建筑，更多的交通形态，也会有更多的服装、鞋帽、包，参与更多娱乐和休闲活动"①。

其次，"元宇宙"既可以是"确实存在的现实"的镜像，也可以是一种虚构的、迥异的、科幻的虚拟世界的建构，没有现实世界的对应物，不存在于历史、现实中，仅存在于虚拟世界中，通过创作者主观构建，即所谓的"虚拟原生"。因为人类有幻想、异想天开的本能，这在现实世界不仅是允许的，也是其无比优势所在，将数字世界的创作空间扩展至无限，也让虚拟世界的创作劳动和创作成果与现实世界一样具有其存在的意义。这不仅可以大大提升个体的满足感、幸福感，也可以通过幻想驱动人类社会发展。

最后，通过身份系统、信用系统、价值系统和交互系统，可以

---

① Jensen Huang. Jensen Huang interview: The physical world and the metaverse can be connected. https://venturebeat.com/2021/08/21/jensen-huang-interview-the-physical-world-and-the-metaverse-can-be-connected/.

第一章
认识元宇宙：技术视角

模拟"人类现实社会"构建"虚拟世界"。同样，这个虚拟社会的内容既来自现实社会，也同样超越于现实社会；既有忠实反映社会关系的内容，又有通过主观想象构建在虚拟社会的虚拟原生内容，将现实社会的生产关系、社会关系、组织关系、经济系统、价值体系也映衬到虚拟社会中，从而开辟了数字经济的新空间、人类社会的新疆域。"这是互联网的三维延伸，将比人们今天感受到的三维物理世界大得多。同样，虚拟世界的经济规模也将比物理世界的经济大很多。"① 元宇宙价值体系的建立，必然要考虑现实社会经济体系的关系。然而，元宇宙价值体系是一个新生事物，在其发展过程中必然存在诸多困难，例如，如何能够获得国家的认同？如何既能实现虚实经济体系的互通，又不至于扰乱现实世界经济秩序，被各国政府强行关闭？这些问题，到目前为止，业界仍没有拿出各利益相关方都满意的答案，因此元宇宙价值体系的建立仍存在许多不确定性。

理解元宇宙，要立足"个体"。"个体映射"是对现实社会中的每个个体在数字世界的映射，即个人元宇宙②。严格地说，个人属于社会，从而属于现实世界，其个体映射也自然包含在"元宇宙"的虚拟世界中。自然中什么系统最为复杂？是大脑和宇宙。就像个人之于自然，个人之于社会一样，在现实世界中，研究个体（这里主要指个人）本身与研究社会、自然和宇宙几乎难度相当。在2020年发表于《物理前沿》杂志（*Frontiers of Physics*）的一篇论文

---

① Jensen Huang. Jensen Huang interview: The physical world and the metaverse can be connected. https://venturebeat.com/2021/08/21/jensen-huang-interview-the-physical-world-and-the-metaverse-can-be-connected/.

② 这是第三章的主题。

中，来自意大利的学者通过对比人脑中的神经元网络和宇宙中的星系网络，发现它们之间惊人的相似性。进而引发更深刻的推论：两个复杂系统演化出的结构相似，那么尽管两者的尺度和形成过程完全不同，但它们自组织的过程可能由相似的网络动力学驱动[①]。人脑里有将近700亿个神经元组成1千兆个神经连接，神经元聚集成节点、神经纤维等构成神经网络，让人们可以去思考、拥有情感。然而，人类大脑里的神经元占大脑质量比例不到25%，其余75%都是水。无独有偶，在可观测宇宙中估计至少有1000亿个星系。所有星系都透过有形的尘埃、气体或无形的暗物质组成的细丝连接，细丝外基本上没有星系存在。并且宇宙中只有约25%的普通物质是可见的，剩下的75%都是不可见的暗物质和暗能量。正如宇宙依然神秘，人类迄今也不能科学地解释大脑真正的运行机制和个体的全部生化特征和基因，比如衰老基因在哪里？人们的自我意识与大脑有何关系？什么是意识？人类智能的哪些要素是基本要素？人们可以在虚拟环境中模拟这些功能吗？总之，在数字世界研究和映射个人，在虚拟世界创建"个人元宇宙"科技挑战，与创建一般意义的元宇宙是相当的。这也是我们专门提出"个人元宇宙"概念的原因之一。

理解元宇宙，要立足"多重"。首先，一般意义的元宇宙是多重的。目前存在的所谓各类"元宇宙"的应用依然是彼此分隔的"世界"，是多重的，还不存在一个"统一的元宇宙"。其次，目前的元宇宙还可以理解为是"1+N"的多重世界。这里的"1"是现

---

① Starr, M. (2020). Study Maps the Odd Structural Similarities between the Human Brain and the Universe. Sciencealert.com, ScienceAlert, 18.

第一章
认识元宇宙：技术视角

实世界，"N"是现实世界的映射。不同的厂商，可能建设不同的产品，对应着不同的元宇宙应用。目前的元宇宙应用，并没有互联互通，未来趋势中这些不同的元宇宙必定互联，就如同最初的互联网和当前的互联网一样。最后，个人元宇宙亦是如此。如果个人也看作"1"，那么虚拟社会中对应的"我"也是"N"。不同的分身，反映不同的"我"：一个在公司开虚拟会议，与同事讨论年度计划；一个在虚拟图书馆查找写报告需要的资料；还有一个在家中陪伴因脑梗而不能自由活动的老人。人们很可能会有多个个人数字孪生，每一个都反映了一组特定的特征，比如一个反映"我"的知识，另一个反映"我"的健康，还有一个反映"我"对音乐的兴趣……最终，正如一般元宇宙那样，它们终将合并成一个单一的、影响深远的个人元宇宙，就像过去互联网产生、发展、演化的过程一样。

理解元宇宙，要立足"智能"。信息技术、AI算法、大数据等是元宇宙的底层支撑。现实世界在元宇宙中的映射一定是"智能"的。现实世界的一切都可以在元宇宙中映射。一是对非生命的物理世界进行模拟、仿真、建模。因为数字映射本质上可以复制、编辑，天生就有现实对应物所不具备的优越性。例如，城市的数字孪生具有与生俱来的"智慧"。数字孪生可以与现实城市信息实时交互，与现实世界城市共同演进、共同发展；又由于它是数字的，因此可以设定某些条件，让它在特定构想下独自演化，根据演化结果，判断这些构想是否应用在现实城市中。这在现实世界代价很高，但在数字世界却是成本可控的，也是可行的。当前，宝马汽车正在通过英伟达的Omniverse建设自己的虚拟工厂，按1:1比例实时模拟线下工厂。虚拟工厂的模拟精度很高，可以看见每台汽车车身上的零部件。在虚拟工厂里，人们通过机械臂组装配件，机器人配送物料等。有了这座虚拟工厂，宝马就能拥有现实工厂里产生的所有最真实的数据，然后用这些数据去进行设备的预测性维护，或者在设备投放之前进行拟真测试，成本将更低、效率将更高。二是对有生命的生命体和人类社会的建模。从较低级的花草树木，到较高级的动物，再到最高级的动物——人；从个体的虚拟人，数字人，智能化身（Avatar），到由个体互联互动组成的整个人类社会。虚拟社会不仅可以有原生的经济系统、组织系统、生产系统、价值系统，也有完全可以与现实社会对应的真实模拟。试想，如果某项关系到国计民生的政策实施之前，先在虚拟的"现实社会"中设定各种想定，进行模拟运行，观察其演变，分析其各种可能结果，然后，在所有的决策中选择最优策略，这样的元宇宙对整个社会的发展贡献一定是巨大的。

理解元宇宙，要立足"演进"。我们一直强调，元宇宙不是当下的概念，元宇宙是愿景，代表着人类对未来数字技术影响人类社会进步的种种设想。元宇宙不是一蹴而就的，而是循序渐进的演进，因而也是不确定的。但是，有一点是确定无疑的，未来的元宇宙一定是"互联的"。未来，两家不同元宇宙服务商提供的虚拟世界，在元宇宙的统一互联世界里，可能只隔着一条街，甚至你中有我，我中有你。只有这种互联，才能使得元宇宙像现在人们称呼互联网为"The Internet"一样，被称为"The Metaverse"①。否则，互不往来的虚拟元宇宙世界，依旧没有意义。需要强调的是，当人们在谈论元宇宙互联互通的时候，指的不仅是虚拟物品的互通、

---

① 参见白硕：《区块链、NFT与元宇宙中的稀缺性技术》，《北大金融评论》2021年第9期。

第一章
认识元宇宙：技术视角

个人分身的互通、各种应用的互通、各种产品的互通，更是这些虚拟物品、个体、应用、产品上所承载的权益的互通。互通不是"义务"，互通的是"交易"、是价值。只有那时，"A Metaverse"才会真正成为"The Metaverse"。

第二章

认识元宇宙：
社会视角

CHAPTER 2

第二章
认识元宇宙：社会视角

 一 从《头号玩家》说起

人类社会，总有一些人，在普通人营营逐逐、忙忙碌碌时，他们仰望夜空，思考未来。元宇宙愿景，是人类社会发展步入网络社会、智能社会之后，人们对自然和社会在数字世界的映射和发展的种种可能的设想，是现实和自然世界在数字世界的扩展与孪生，是科技发展的一种自然结果。早在元宇宙成为热点之前，美国著名导演史蒂文·斯皮尔伯格就在他2011年导演的科幻冒险电影《头号玩家》（Ready Player One）中给人们描绘了这样的元宇宙：

2045年，韦德·沃兹生活在美国俄亥俄州一个贫民区里。他是一名高中生，孤儿。韦德对物理世界的生活条件并不在意，他一回到家就戴上了VR头显等一系列装备，进入数字世界"绿洲"（OASIS）中寻求慰藉。"绿洲"是一款多人在线游戏。他的创建者叫哈立德。在哈立德去世之后，自动启动了一场竞赛，该竞赛将把"绿洲"及其母公司的所有权转让给任何找到他预置的彩蛋的人。"绿洲"有着自己独立的社会经济运行体系，玩家能为自己设计全新且独特的数字形象。每天都有数十亿人在"绿洲"中娱乐、生活、工作、交友，沉浸在这个规模巨大的无限世界里。他们在其中相识，成为挚友，尽管在物理世界中可能根本没有见过面。韦德在绿洲中的化身（Avatar），是一个名叫帕西法尔的男孩，一个致力找到彩蛋的"猎手"（Gunter）。帕西法尔在数字世界里攀登珠穆朗玛峰，开着改装车在曼哈顿飙车，历险寻找彩蛋，成为最终找到彩蛋的那个人。其他的人也和韦德一样沉迷在"绿洲"中，仿佛在这个世界里活出了第二生命。

在"绿洲"里,还有一个特殊的Avatar:哈立德的化身。"绿洲"里的哈立德拥有着类似英国电影"哈利·波特"中霍格华兹魔法学院校长"邓不利多"的形象。"邓不利多"的特殊性在于:其他化身,身后都有一个实时在线的,穿戴着VR设备的真人实际操控,松开绑带,化身消失,真人又回到了现实世界。真人和化身,就隔着一套设备。而哈立德已经离世,但化身"邓不利多"依然生活在"绿洲"里,他的语言依然深邃,他的目光依旧犀利。在数字世界里,他依然能被人看到、听到、触碰到。在寻找彩蛋三级竞赛的每个关口,他都要亲手将钥匙交给每位过关的猎手。对最后的赢家帕西法尔,"邓不利多"做了最后的、最严格的测试,然后才将公司的转让合同交给他——数字世界里的合同,在现实世界中有效。这个超级化身具有生命的一切要素:他不仅有着和蔼的音容笑貌,还依旧有自己的记忆和敏捷的思维;他能够思考,他还是那么"哈立德",沉稳、严肃,又不乏幽默,与曾经生活在现实世界的哈立德一样;他是生活在硅基世界里的另一个哈立德,虽然在现实世界,哈立德已经去世,但在数字世界,哈立德获得了永生。

帕西法尔在数字世界里也有对手,IOI公司。IOI的CEO,是一个一心想利用一切手段——合理的和卑鄙的,去赢得比赛,从而获得哈立德的授权合同的人。"绿洲"拥有社会系统的几乎所有要素,然而,数字世界里的问题最终无法在数字世界解决,IOI公司利用一切力量杀死化身帕西法尔,最终演化为除掉现实世界中的真人韦德。最终解决问题的,无论是数字世界的问题,还是现实世界的问题,依旧是现实世界里的规则维护者——警察。在电影的最后,斯皮尔伯格通过"邓不利多"告诉帕西法尔,"Reality is the only thing that's real"(现实是唯一真实的东西)。

斯皮尔伯格并非预言未来社会发展,他仅仅提供了若放任科技发展、地球污染而不予治理时,人类社会演化的一种可能结果:气候变化、战争和贫困摧毁了地球上的大部分社会,大多数人沉迷在OASIS中寻求解脱。相信"头号玩家"代表着斯皮尔伯格对未来世界的思考和担心。里面描绘了两个元宇宙:"绿洲",对应着社会层面一般意义的元宇宙;哈立德的化身"邓不利多",对应着个体意义的元宇宙。与我们的观察视角一样,斯皮尔伯格审视未来的元宇宙也有两条主线:一是从科技发展的视角,二是从社会未来健康发展的视角;与我们有着同样一个基本观点:"Reality is the only thing that's real";立足现实,是元宇宙的第一要义;科技向善,是科技发展的第一原则。

元宇宙是人类文明伴随科技发展演化的历史性节点

元宇宙愿景是前沿科技集成赋能给各行各业融合形成的有机生态,代表着人类进入信息时代之后,伴随科技进步,特别是人工智能的不断突破所演化的未来愿景。马克思、恩格斯指出,生产力"随着科学和技术的不断进步而不断发展"①。邓小平指出,"科学技术是第一生产力"②。从人类文明演化的历史来看,从早期的原始

---

① 《马克思恩格斯选集》第2卷,人民出版社2012年版,第271页。
② 《邓小平文选》第3卷,人民出版社1993年版,第274页。

社会到今天的现代文明社会，历经数十万年，经历了若干历史性节点，每一次通过节点都意味着伴随技术进行，人类文明形成了重大的整体性社会进化。

人类迄今为止经历了三次文明阶段。原始文明是人类文明的第一阶段。在此阶段，人类完全接受自然控制，人们必须依赖集体的力量才能生存，物质生产活动主要依靠简单的采集渔猎。这一阶段人类累积的文明成果主要是：石器、弓箭、火等。原始文明时间跨度约6万年，从7万年前左右到1万年前左右。农业文明是人类文明的第二阶段。进入农业文明，铁器的出现使人类改变自然的能力产生了质的飞跃。人类不再依赖自然界提供的现成食物，其主要生产活动是农耕和畜牧，通过创造适当的条件，使自己所需要的物种得到生长和繁衍。农业文明阶段人类的科技成果主要有青铜器、铁器、陶器、文字、造纸、印刷术等。农业文明时间跨度一万多年，从公元前1万年至18世纪。工业文明是人类文明的第三阶段。工业文明是以工业化为显著特征、机械化大生产占主导地位的一种现代社会文明状态。其主要特点大致表现为工业化、城市化、法制化与民主化、社会阶层流动性增强、教育普及、消息传递加速、非农业人口比例大幅度增长、经济持续增长等。这些特征也可视作推动传统农耕文明向工业文明转轨的重要因素。工业文明至今的时间跨度已有250年左右。

人类工业文明迄今已经经历了三次工业革命。工业文明时代是人类以科学技术为武器以控制和改造自然取得空前胜利的时代，这是人类历史上无论怎样浓墨重彩都不为过的重要时期。回顾历史，工业文明的形成过程是以数次工业革命为基础的，当前，人类正处

第二章
认识元宇宙：社会视角

在第四次工业革命的进程中，如图2—1所示。第一次工业革命，始于18世纪末，又称蒸汽机革命。其标志是瓦特发明蒸汽机，人类进入机器动力时代，或称蒸汽时代，代表的机器设备是动力织机。第二次工业革命，始于20世纪初，又称电力革命。其标志是发电机、电动机和电灯的发明，随后建立电力输变电系统，产生电力工业；发明内燃机，出现汽车和航空工业；发明电子管，产生电子工业。人类进入电气时代，大规模生产出现，生产走向流水线。第三次工业革命，始于20世纪70年代，直到今天，又称新科学技术革命。其标志是原子能、航天技术、电子计算机发明与应用。可编程

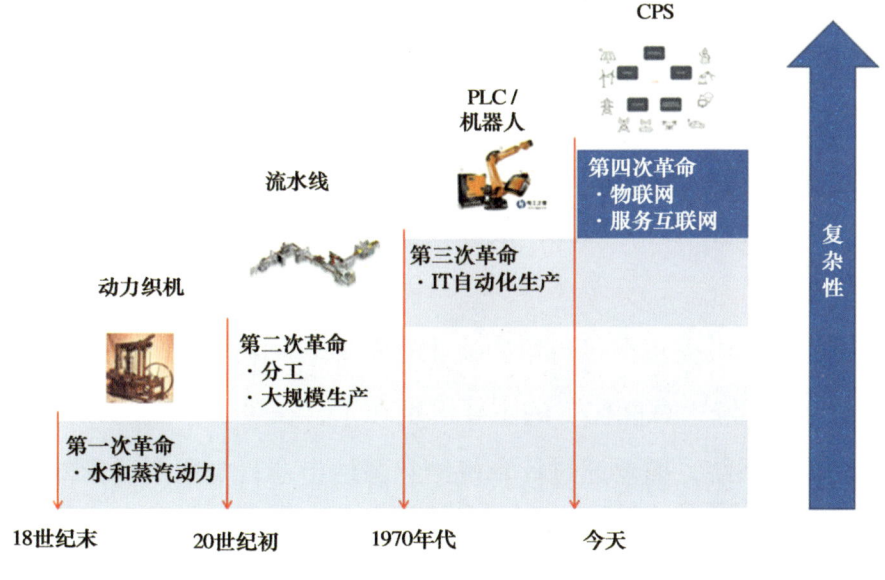

图2—1 四次工业革命

来源：根据Industry 4.0 and Smart Manufacturing – A Review of Research Issues and Application Examples[①]修改。

---

① Thoben, K. D., Wiesner, S., & Wuest, T. (2017). "Industry 4.0" and smart manufacturing–a review of research issues and application examples. *International journal of automation technology*, 11(1), 4–16.

逻辑控制器（Programmable Logic Controler，PLC）出现，机器人走进车间，生产走向自动化。

在第二次工业革命和第三次工业革命期间，还发生了两次重大事件。一是20世纪40年代中期，电子计算机诞生，其作为第二次工业革命的重要成果之一，孕育数字文明的开端，并催生了下一重大事件——互联网的诞生。1969年美国军方实验室阿帕网建成，并逐渐从精英走向大众，演变成互联网。互联网的诞生，标志着人类进入信息时代。自互联网诞生以来，人们对数字空间的探索从未停止。20世纪90年代以来，互联网在全球迅速普及和应用，从"PC互联网"到"移动互联网"，无论是世界还是中国，无论是产业还是民生，都经历了波澜壮阔的大变革。互联网的出现，在科技史上可以比肩"火"与"电"的发明。人类社会涌现出很多新技术、新产品、新模式；互联网全面向社会各个领域扩展，深度改变了人类的社会形态。因此，很多人也把第三次工业革命称作"信息化"革命。

当前，人类正在经历第四次工业革命。其特征是"智能化"。"信息化"与"智能化"的主要区别在于，在过去，人们想要控制一套机器系统，需要通过计算机给它下达指令；机器出现异常，需要人工修复。但是在智能化时代，机器系统能脱离人们的手动控制，在一定程度上实现自主决策，遇到一些异常情况也能进行自主处理。第四次工业革命的特点是将物联网（Internet of Things，IoT）和服务互联网概念引入制造业，使智能工厂具备纵向和横向集成的生产系统。在全球各行各业中，快速更改的高度灵活的流程可以实现个性化的大规模生产。各种可能的变化可以通过将机器的

第二章
认识元宇宙：社会视角

生产数据传递给智能机器来自行确定，让机器自主感知环境、交换信息并控制生产和物流中的过程。数据在整个生产的生命周期中大量收集并分散存储，以支持本地决策。为了实现这一愿景，机器、存储系统和公用事业等要素必须能够共享信息，并能够自主地相互行动和控制。这样的系统就被称为信息物理系统（Cyber-Physical Systems，CPS）。CPS通过复杂的网络和嵌入式系统、应用系统和基础设施的集成而出现，由人机交互支持。与用于生产或物流的传统系统相比，CPS可以被视为系统的系统，需要机械工程、电气工程和计算机科学等不同学科的协作才能实现[①]。这正是以人工智能为核心，以物联网、大数据、一切皆服务（Everything as a Service，XaaS）为代表和特征的工业4.0（Industry 4.0）的关键特征。

元宇宙愿景体现了第四次工业革命背景下人们期待科技发展使人类未来生活更加美好的愿望。在元宇宙愿景中，数字技术将集成应用到全社会的各类运行场景，实现数字经济高质量发展。在不久的将来，驰骋上千千米的新能源车可以无人自动驾驶；在虚拟世界，人们可以聚集全国最好的教师智慧成为网络授课的"网红教授"；过去需要几个月甚至几年才可以设计出的新产品，在数字孪生的帮助下几天就能完成；智能机器人可以高效诊断疑难病症；人工智能追逃系统可以在众多城市浩如烟海的人群中瞬间发现犯罪分子，等等。随着5G、人工智能、大数据、物联网、工业互联网、区块链、VR（虚拟现实）、AR（增强现实）等新一代数字技术的快

---

① See Barari, A., de Sales Guerra Tsuzuki, M., Cohen, Y., & Macchi, M. (2021). intelligent manufacturing systems towards industry 4.0 era. *Journal of Intelligent Manufacturing*, 32(7), 1793–1796.

速发展，元宇宙愿景将构建物理世界和数字世界相互融合的新型数字空间，推动实体经济与数字经济深度融合，塑造数字经济发展的未来形态，为第四次工业革命提供方方面面的支持。智能工厂的出现、智能制造的普及、线上场景的变迁、全域数据的融合、智治模式的演进，必将深刻改变社会的生产模式、生活方式、产业模式和组织形式，形成发展实体经济和数字经济的强大动力。反过来，美好的愿望亦能驱动科技向前发展。以元宇宙驱动的数字经济将点燃助推世界经济发展的"数字引擎"，成为第四次工业革命的主要驱动力。

总之，进入21世纪，第四次工业革命风生水起，全球新一轮的科技革命和产业变革突飞猛进，特别是数字科技对经济社会各领域的渗透性、扩散性越来越强，产业迭代速度越来越快。元宇宙集成了科技发展进步的最新成果，驱动第四次工业革命的进程，必定是人类文明伴随科技发展的又一重大的历史性节点。

三 元宇宙构建人类未来社会新范式

元宇宙愿景是现实世界与虚拟世界的融合，是科学技术集成赋能给各行各业，在数字和物理世界相互作用下融合形成的有机生态，在人类社会生产生活的方方面面具有广泛应用前景。它既不可怕，也不虚幻。正如现实社会一样，在元宇宙中，主体依然是人和人类社会。未来的人类社会究竟是什么样子？2021年10月28日召开的Facebook Connect大会，Meta公司的CEO扎克伯格带领团队进行了关于Meta版元宇宙的线上讲解和演示。以"The

第二章
认识元宇宙：社会视角

Metaverse and How we'll Build It Together"（元宇宙以及我们如何共同构建它）为题，在近80分钟的视频中，扎克伯格向人们展示了"元宇宙居民"的各种生活场景。

图2—2　2021年Facebook Connect大会

来源：Meta官网视频截屏。

元宇宙社交。"社交"是扎克伯格演示的第一个场景。他身处在元宇宙的"家"中，如图2—2所示。这个家是依据扎克伯格在物理世界真实的家在元宇宙中的虚拟重建，具有一些仅在虚拟空间才能有的事物。显然，"扎克伯格"的家，是座美轮美奂的"海景"房，尽管实际上，他真实的家离海边还很远。演示视频中"扎克伯格"仍然穿着他那件"千年不变"的T恤，在虚拟空间的家中和同样以虚拟形象出现的伙伴进行交流互动。当与朋友一起玩乐时，"扎克伯格"与他的伙伴们感觉彼此就在一起，他们沉浸在一个完全不同的世界里。除此之外，在"家"中待了太长时间，"扎克伯格"与他的伙伴瞬时切换到另外一个世界。视频中，"扎克伯格"

与朋友们进入"热带雨林"中，一起感受大自然中的鸟语花香。在虚拟世界中，"扎克伯格"还不时地与其他朋友连线交流，把遥远的朋友随时"拉"到身边。元宇宙社交强调身临其境的体验，用户与朋友置身其中，无论实际上他们之间的物理距离有多远。

元宇宙娱乐。娱乐和游戏是扎克伯格演示的第二个场景。地点设在日本京都。你在家中发现，你的朋友正在地球的另一端——美国洛杉矶——参加一个音乐会。你能与他在一起吗？没问题，点击按键，瞬时切换，你来到了朋友身边。台上，一位黑人歌星尽情歌唱，台下，你与观众们备受感染，随之起舞。音乐会还推荐了会后的品牌数字产品的购物链接。聚会结束后，你们二人约好到虚拟商场购物。你和朋友分别选中了一顶帽子和一件T恤。点击之后，交易完成。虚拟化身立刻戴上了新的帽子，穿上了新的T恤。游戏并非一定是当前常见的在虚拟空间体验多人在线的游戏，还可能是普通的游戏，如下棋，以虚拟的形式，全息投影地呈现在现实场景中，进入人们的日常生活。按"扎克伯格"所言，"play old game in new ways"（以新的方式下老式棋）。当操纵全息投影的国际象棋时，下棋者不仅看到全息但"真实"的棋盘，还能够感觉到"棋"的存在，可以用手移动全息棋子；你甚至可以和地球另一端的朋友一起打乒乓球；或者，像扎克伯格一样，在虚拟世界冲浪！扎克伯格认为，游戏和娱乐大概会是大多数用户接触元宇宙的第一入口。特别是依据"XaaS"理念①，游戏持续发布更新，"Game as a service"在元宇宙娱乐中会成为一种常态。

---

① 即前文提到的"一切皆服务"。它描述了当前互联网应用提供的一种服务类别。它通过互联网，作为服务的方式，持续交付给用户产品、工具和技术。

第二章
认识元宇宙：社会视角

元宇宙体育健身。体育健身是扎克伯格演示的第三个场景。在元宇宙中，你可以以全新的方式健身。只需要一套AR头戴设备，你就可以做任何事情，从拳击到打篮球，从击剑到动感单车。在拳击中，你的对手可能是AI；打篮球时，在3对3组队战中，你的队友其实在地球的另一端；在击剑时，你可以找世界上最好的教练，如李·基弗①。视频中，"扎克伯格"与"李·基弗"在击剑中对攻，获得"李·基弗"悉心指导，当被"李·基弗"的"剑"刺中时，扎克伯格全身一振，"因为这种感觉实在太真实了"。元宇宙中的体育健身，将会因为这种完全沉浸式、全新交互式训练，获得完全不同的体验。扎克伯格介绍，元宇宙健身将会配有特殊的可穿戴设备，如防汗控制器手柄（Controller Grips）及运动优化面垫，他称之为面部界面（Facial Interface）设备，这会让用户的健身体验更加方便、自然、真实、丰富。

元宇宙工作。工作是扎克伯格演示的第四个场景。相信在疫情期间大家都有过远程工作的体验，元宇宙中远程工作会是怎样的情景呢？你身处办公室中，同事不在周围。你仍旧有那种现场感，仍旧有你所独享的空间，还有窗口不断路过的"同事"，向你打着招呼。只是这个特殊的工作环境，无论你在任何地方，都可以随时登录进入。这时，同事将一座建筑的最新设计方案的数字孪生模型以全息投影发送给你。你检查了一下，觉得不错，决定与这位同事立刻开个短会，讨论一下。同事此时正在公园中休息，可以立刻过来。同事点一下你的邀请链接，瞬时出现在办公桌的对面。你们

---

① 李·基弗，美国击剑运动员，她代表美国队参加于日本举行的2020年夏季奥林匹克运动会，并且在女子个人钝剑比赛上获得金牌。

元宇宙 与社会治理新范式

通过手划打开建筑的内部数字孪生模型，探讨了一些细节，彼此认同，会议结束，同事离开。你要继续工作，准备演示方案，因此进入全身心工作模式（Focus Mode）。为排除干扰，你选择的工作环境是远处是大海，身边是椰树的沙滩环境。在这个环境下，你全身心投入演示方案的准备。演示方案完成，你回到团队身边。此时，扎克伯格现身，介绍说，未来的元宇宙工作更可能是混合的场景。有些同事物理上聚在一起，有些同事仍在远程，通过全息投影参与工作；远在天边或近在咫尺的同事，共同参加一个会议，并无太多区别。如果这种工作状态成为现实，将重构现有的集体办公形式。今后，许多工作，将不会再有通勤时间、不会再有所谓的异地出差……显然，这种工作方式使得企业可以全球招募优质人才，对整体社会成本的降低也有极大意义。可以想象，这种工作方式，也将给更多的人才提供更广阔的机会。

　　元宇宙教育。学习是扎克伯格演示的第五个场景。如果能够把任何要学习的事物呈现在你眼前，来学习世界上的任何知识，会是什么体验？比如，学习天文。一位黑人小姑娘打算写一篇关于太阳系的论文。她和外婆一起，戴上一副智能眼镜。经过手划之后，太阳和八大行星呈现在眼前。拉近，找到木星，放大，原来木星周围的光环竟然是由千百万冰冻的颗粒块构成的！小姑娘论文的主题和思路都有了。再如，学习关于罗马的历史。点击链接，你瞬时移动，站在古罗马的大街上。大街上人声鼎沸，市场繁华。你亲身感受到了2000多年前罗马人的生活节奏。早就听说在罗马市政厅中的公共广场上有座著名的高大巍峨的罗马广场（Roman Forum）。它到底是怎么建造的？罗马广场的数字孪生体立刻展现在你的面前。假如你学习医学,通过类似Osso VR①应用程序,你可以在现场练习手术技能,直到熟练掌握。假如你学习地理,你可以与戴维·艾登堡爵士②一起潜入大海,观察大堡礁,可以深入森林,凑近观察地球上最小的昆虫。总之,在元宇宙中,在头戴设备或智能眼镜的帮助下,学习的体验将与现在完全不同。

元宇宙经济。扎克伯格表示,在元宇宙中,每个用户都不仅是消费者,而且是创作者和开发者。扎克伯格称之为创作者经济(Creator Economy)和开发者生态(Developer Ecosystem)。扎克伯格承认,关于这些实践,还有许多未知领域需要探索。在元宇宙中,有各种各样的创作者:制作数字物品的创作者;提供服务和体验的创作者;还有类似创作开放游戏世界那样的数字世界的创作者。基于区块链技术的非同质化代币,Meta公司将"赋能创作者与开发者变现,探索所有权的新模式"。用户不仅是消费者,也能成为创作者和开发者,并在平台获得收益。仍以Meta公司为例,扎克伯格宣称将维持以往策略,保持低价并提供更多选择,以服务更多的用户、创作者和商业模式:公司将继续对硬件设备进行补贴,扩大产品的覆盖面,让更多的开发者和创作者享有低价服务,保持经济系统的利益最大化。对于消费者,Meta公司将实现购买物品的可持续性,在不同的平台都能为自身所用;对于开发者和创作者,Meta公司将助力变现模式的多样化,让提供数字产品、服

---

① Osso VR是Osso公司一个外科培训和评估平台,它为医疗设备公司和医疗保健专业人员提供了更好的方式来分享、练习和学习新的技能和程序,包括从稀有到常规,从简单到复杂。

② 戴维·艾登堡爵士,一名英国解说员、生物学家、自然历史学家和作家。他最为人所熟知的是与英国广播公司自然历史部合作撰写并呈现的9部自然历史系列纪录片构成的《生命》系列片,这是对地球上动植物生命的一次全面调查,影响深远。

务与体验的开发者实现收益。未来平台亦将持续探索新的所有权模式，提升物品的流通效率。总之，商业将是元宇宙的重要组成部分，在元宇宙中，创作者、开发者、企业家，大家一起共同创造（co-creating）。元宇宙将为千百万劳动者创造无尽的机会，就像互联网出现后，创造了许多前所未有的新机会一样。

元宇宙重构人和社会的关系[①]。虚拟世界并不是对于现实世界的简单映射。元宇宙的出现将重构人与人的关系。人与人的关系最直接的体现是社交。互联网的出现使人们的沟通、协作能够跨越时间与空间的限制，但人们认识的人、沟通交流的人数却被精力所限。英国牛津大学的人类学家罗宾·邓巴在20世纪90年代提出"邓巴数字"，根据猿猴的智力与社交网络推断出：人类智力将允许人类拥有稳定社交网络的人数是148人，四舍五入大约是150人。人与人的关系，随着科技的发展不断发展，时空限制不断被打破，如图2—3所示。从书信、电话、PC互联网、移动互联网到元宇宙，人与人之间的关系不断打破时空的限制，从打破空间距离，到时间上的及时性，到随时随地；从二维空间到三维空间；从认识的人到每一个人。

元宇宙重构还体现在人与社会的关系上，如图2—4所示。由于人与社会关系的数字化，元宇宙的受众从过去的一维单一受众，映射到元宇宙中，变成立体的多维受众；过去游戏、影视剧、音乐、书法绘画等载体，也变成元宇宙中的场景。在元宇宙中，更容易通过虚拟人体验精彩的"第二人生"，"自我实现"的需求更易实现。

---

① 参见《互联网行业元宇宙：基于数字科技，重构商业逻辑》，中泰证券官网，http://pdf.dfcfw.com/pdf/H3_AP202112281537123389_1.pdf?1640679891000.pdf。

第二章
认识元宇宙：社会视角

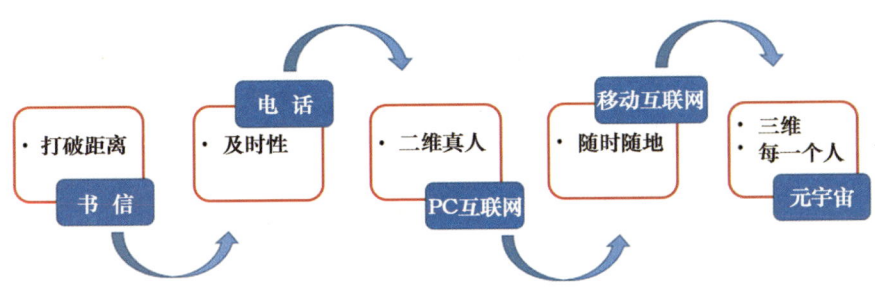

图2—3 人与人之间关系的变化

来源：根据中泰证券资料修改绘制。

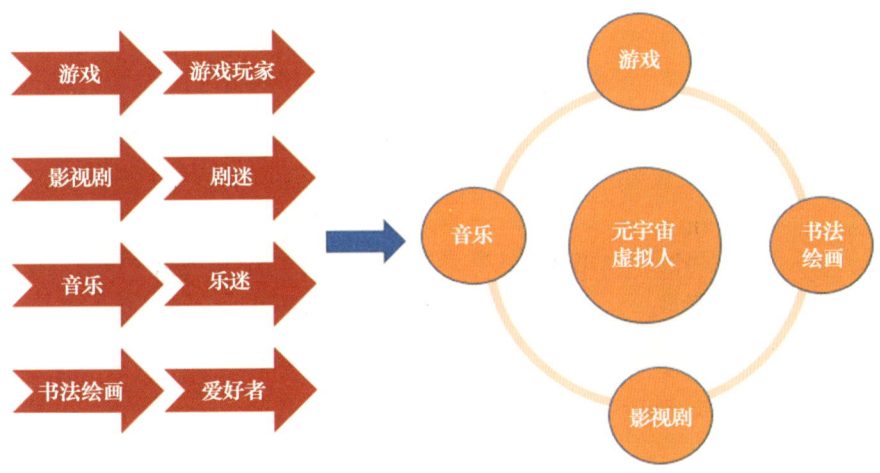

图2—4 人与社会的关系

来源：中泰证券研究。

元宇宙重构商业逻辑。移动互联网时代的商业逻辑也将被元宇宙重塑。回顾移动互联网快速发展的十余年，可以看到智能手机出货量的提升带来移动互联网渗透率的提升，社交、游戏、视频、购物等应用端的供给输入带来了内容大爆发，流媒体、直播等商业模式的创新改变了原有的内容分发规则。这些分别对应着硬件、流量、内容与变现，但内容本身的无法变现，导致移动互联网商业的底层逻辑仍是流量。从全球互联网巨头的收入结构来看，其变现方式依然以广告为主。从2011年到2020年，腾讯、谷歌、Facebook、阿里巴巴、亚马逊依托流量类的收入复合年均增长率（Compound Annual Growth Rate，CAGR）分别为51.1%、17.2%、42.3%、43.6%、31.4%，如图2—5所示。除腾讯外，流量类收入占比总营收均达到80%以上，如图2—6所示。

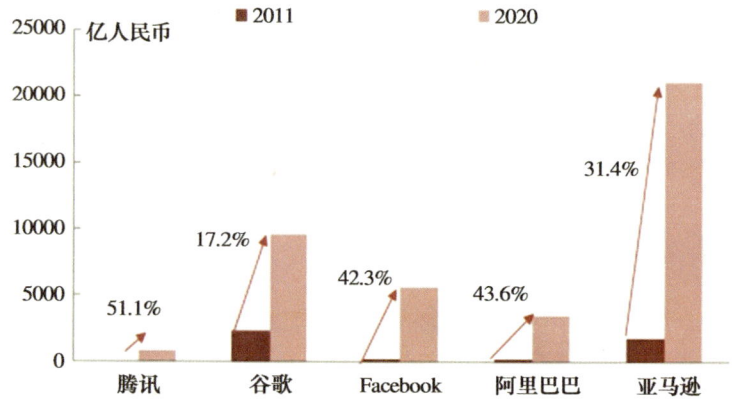

图2—5　全球巨头的流量收入的CAGR

来源：中泰证券研究（注：阿里巴巴初始年份为2012年数据）。

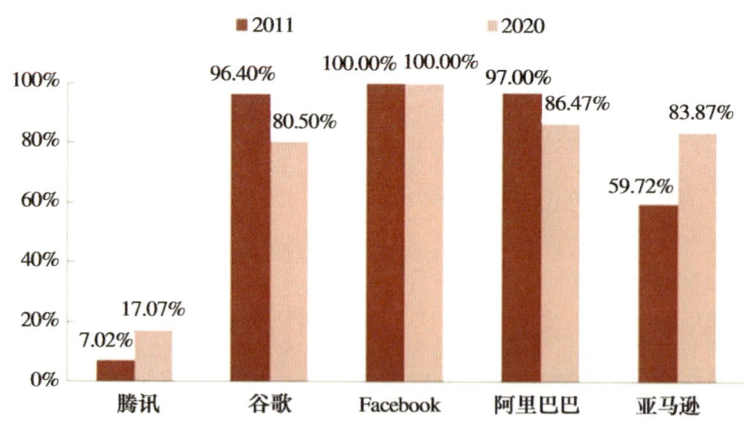

图2—6　全球巨头的流量收入占比总营收

来源：中泰证券研究（注：阿里巴巴初始年份为2012年数据）。

元宇宙愿景的最大机会在于创造者可以通过内容本身变现，这修改了商业逻辑。元宇宙是在移动互联网渗透率达到天花板后，互联网企业选择的新增长点。元宇宙是社会大众所选择的形态，用户在元宇宙中能够利用底层技术生产自身期望的内容，打破了PC和移动互联网时代限定场景与内容、限定规则的诸多框架，实现了内容本身的可变现性，而企业在这一形态下，以提供底层技术、场景、IP为基本支撑，也可以参与到内容创作的过程中。这重塑了新的商业逻辑，从内容必须要借助流量这一相辅相成的载体才能实现变现，到内容本身即可变现。

四　建设元宇宙，需要警惕发展风险

元宇宙时代的到来，不是未来时，已经是现在进行时。因此，有一系列新的问题需要考量。经济学家朱嘉明对元宇宙需要警惕发展风险提出了思考。[①]笔者认为，在元宇宙发展建设的过程中，必须不断思考如何回答这些问题。

如何确定元宇宙价值取向、制度选择和秩序？在现实世界，当下的人类具有完全不同的，甚至对立的价值取向，还有不同的信仰，特别是宗教信仰。所以，元宇宙需要面对这些富有挑战性的课题：如何避免简单复制现实世界的价值观？如何实现元宇宙的"制度"设计？在"制度"设计中要不要坚持自由、主权、正义、平等之类的原则？怎样确定元宇宙的秩序和运行规则？何以制定元宇宙宪章？简言之，如何确定支持元宇宙文明框架的码创体系？

---

① 参见朱嘉明：《"元宇宙"和"后人类社会"》，《商业周刊(中文版)》2022年第4期。

与社会治理新范式

如何制定元宇宙内在的经济规则？在元宇宙中，不存在人类经历的农耕社会和工业社会，也不存在现实世界的传统产业结构。在元宇宙中，"观念经济"将是经济活动的基本形态，金融货币的天然形式不可能再是贵金属，而是虚拟的社会货币。现在，处于早期阶段的元宇宙经济体系，可以移植和试验所有数字经济创新成果，包括各类数字货币、试验合作经济、共享经济和普惠金融，消除在现实世界难以改变的"贫富差别"。

怎样避免元宇宙内在垄断？元宇宙具有避免被少数力量垄断的基因。Roblox公司的联合创始人尼尔·里默提出，Metaverse的能量将来自用户，而不是公司。任何单独一家公司是不可能建立元宇宙的，而是要依靠来自各方的集合力量。Epic公司CEO蒂姆·斯威尼也强调，元宇宙另一个关键要素在于，它并非出自哪一家行业巨头之手，而是数以百万计的人们共同创作的结晶，每个人都通过内容创作、编程和游戏设计为元宇宙做出自己的贡献，还可以通过其他方式为元宇宙增加价值。

如何预防元宇宙的霸权主义和元宇宙之间的冲突？在未来，元宇宙并不是"一个"宇宙，而是会不断涌现新的元宇宙，形成多元化的元宇宙体系，如同太阳系和银河系。不仅如此，元宇宙是开放的，任何元宇宙的居民可以同时生活在不同的元宇宙中。元宇宙也存在进化，在这样的场景下，需要建立元宇宙之间和谐共存的规则，消除人类曾经构想的"星球大战"的任何可能性。

如何维系现实世界和元宇宙之间的正面互动关系？可以预见，因为元宇宙人可以同时栖息在真实与虚拟世界中，导致人的神经感知延伸、意识扩展。元宇宙的形成与发展，需要与现实世界互动，

第二章 认识元宇宙：社会视角

实现两个世界在理念、技术到文化层面的互补和平衡，形成新的文明生态。在元宇宙早期阶段，两个世界的互动关系还是通过现实人类不断改变存在身份，以及虚拟机和预言机作为技术性媒介实现的。如果人类和他们的虚拟生命从元宇宙的社会活动和生活方式中获得更多的幸福，并将这样的感受和体验带回到现实世界，将有利于现实世界向善的改变。

如何协调资本、政府和民众参与创建元宇宙？创建元宇宙，政府、资本和民众都有各自的功能。在早期，政府的作用相当重要。2021年5月18日，韩国宣布建立一个由当地公司组成的"元宇宙联盟"，其目标是建立统一的国家级VR和AR的增强现实平台，理清虚拟环境的道德和法律规范，确保元宇宙"不是一个被单一大公司垄断的空间"，将虚拟服务作为一个新的公共品。韩国的国家"元宇宙联盟"构想值得关注和学习。

五 关注"民生"、关注"人民福祉"的元宇宙才是大众需要的元宇宙

早在1986年，世界顶尖的技术达人库兹韦尔就在其著作《智能机器的时代》[①]将人类社会的进化概念分成了六个纪元。第一纪元：物理和化学；第二纪元：生物与DNA；第三纪元：大脑；第四纪元：技术；第五纪元：智慧和技术的结合；第六纪元：宇宙的觉醒。他在《奇点临近》[②]中继续预测，2045年，计算机智能将超

---

① 英文书名：*The Age of Intelligent Machines*.
② 英文书名：*The Singularity Is Near: When Humans Transcend Biology*.

越人类，人类社会的奇点时刻到来。在这个阶段，传统人类成为非生物人类，也就是半个机器人，从而升级成人类3.0版本。美国社会学家弗朗西斯·福山在其著作《我们的后人类未来：生物技术革命的后果》①中指出，现代生物技术生产的最大危险在于它有可能修改乃至改变人类的本性，人性终将被生物技术掏空，从而把人们引入后人类的历史时代。这些猜想并非危言耸听，科技和元宇宙的发展演变关乎人类命运，值得广大学者关注和研究。如何让科技发展守尺度、负责任、有底线，沿着共创人类美好未来、增进人类福祉的轨道前进？我们必须为元宇宙发展建设贡献中国智慧。

建设元宇宙，服务民生是第一要义。习近平总书记指出："让老百姓过上好日子是我们一切工作的出发点和落脚点。"②民本思想是中国思想文化的重要组成部分，体现了中国传统的治国理念。从古至今，中国始终将"民生"视为立国之本，早在古代就倾向于"以民为本"的政治主张。在中国古代儒家文化经典《尚书·五子之歌》中就有"皇祖有训，民可近，不可下，民惟邦本，本固邦宁"。"民惟邦本，本固邦宁"就是对中国传统民本思想的概括。《礼记·礼运》里就"民生"为人们描绘出了一个鳏寡孤独废疾者皆有所养的"大同社会"。《荀子·大略》中记录荀子提出"天之立君，以为民也"。在资本主义制度下，发展生产力的根本目的在于实现资本增殖，而消除贫困与提升人民生活品质并不构成其主要目标，这是由该制度的本性所决定的。中国特色社会主义制度决定了科技发展要与人民幸福相统一，"国家一切权力属于人民……体现人民

---

① 英文书名：*Our Posthuman Future: Consequences of the Biotechnology Revolution*.
② 《十八大以来重要文献选编》（下），中央文献出版社2018年版，第744页。

意志、保障人民权益、激发人民创造活力,用制度体系保证人民当家作主"[1]。因此,中国元宇宙建设,服务民生是第一要义。

建设元宇宙,要切实响应人民群众现实需求。当前,我国社会的主要任务是解决人民日益增长的美好生活需要和不平衡不充分的发展之间的矛盾。人工智能驱动的元宇宙发展建设涉及技术广泛,包括数字孪生、虚拟现实、区块链、5G网络、神经接口、硅基生命等。这些技术的蓬勃兴起有着广泛的应用场景,要引导技术向社会民生领域渗透,响应人民群众的现实需求,在社交、工作、教育、娱乐、体育、健身等方面享受科技发展成果,优先面向"学有所教""劳有所得""病有所医""老有所养"等这些关键场景,让元宇宙赋能社区、元宇宙赋能教育、元宇宙赋能物流、元宇宙赋能政务、元宇宙赋能民生、元宇宙赋能医疗;引导虚拟经济与实体经济更深、更广融合,在保障群众就业发展、保障群众幸福生活方面发挥巨大潜力;让元宇宙成为经济增长的新引擎、国际竞争的新阵地;引导元宇宙发展建设助力实体经济,在智能交通、智能医疗、智能政务、智能教育等方面推动智慧社会、智慧城市建设。基于中国特色社会主义背景,瞄准各个与民众生活息息相关的民生领域,一定是中国元宇宙建设探索的未来方向。

建设元宇宙,要充分保障群众就业。保障就业是涉及千家万户、涉及每个人的重大问题。民生就要为每个人提供就业机会,提供学习成才机会,提供成功发展机会。在元宇宙发展建设的过程中,必然导致一些传统的行业失去市场机会,使得本行业就业群众失去工作,同时引发结构性的失业和在转型过程当中劳动结构调整

---

[1]《习近平谈治国理政》第3卷,外文出版社2020年版,第28页。

带来的一系列社会问题。面对这一部分人群，国家必须未雨绸缪。首先，要关注新一代的教育问题。未来的新一代劳动力，当他/她走向劳动力市场时，就应该已经具有适应人工智能和科技发展要求的一些技术。而当前这方面的教育，尤其是人工智能在大众教育当中的比重非常少，这是一个非常大的挑战。其次，对现有的劳动力存量，也要大力地去发展职业教育和培训，倡导终身学习。让已经在一些岗位上形成了一定技能结构的人群，通过不断学习培训，适应人工智能和元宇宙时代新的岗位、新的系统。再次，要注意"数字鸿沟"问题。要缩小城乡之间和地区之间的教育差距。目前，我国城乡之间的收入差距在缩小，但是，在新一轮人工智能等科技发展的冲击之下，城乡之间、区域之间教育的差距有可能会拉大。随着通信基础设施建设和移动互联网的发展，农村的网络普及度大大提高，传统意义上的数字鸿沟已经不是那么重要。但人工智能时代，新的鸿沟可能产生。例如，在北京、上海等地，在中学甚至小学已经开始引入一些跟人工智能有关的课程，但其他很多地区的学生无法接触到这些内容，人工智能的教育缺失将会对农村孩子产生深远影响。最后，要特别关注留守儿童。我们国家还有很多留守儿童，他们在农村接触的教育可能远远跟不上人工智能的需要。他们的上一代凭着年轻和勤奋，可能在城市找到一份不错的工作。而这些留守儿童，也许未来在城里就找不到工作，由此带来的收入差距可能会变得非常严峻。

建设元宇宙，让现在的我们成为未来人类的伟大"祖先"[①]。对

---

① 伟大"祖先"（The Good Ancestor）出自乔纳斯·索尔克"我们是好祖先吗？"，乔纳斯·索尔克在1953年研发了脊髓灰质炎疫苗，但拒绝为其申请专利，放弃巨额利润以挽救更多生命。

世界上所有的元宇宙愿景的谋划者，对参与元宇宙的探索、开发和实践中的各个企业、政治和社会领导层、实践者和个人，我们建议，在向元宇宙的各个应用、各种场景进军的过程中，不仅要考虑它们近期的经济潜力，更重要的是要为人类未来发展做出选择。要询问这些技术是帮助还是阻碍了关乎人类社会现在和未来所面临的重大问题；我们如何使用元宇宙的各个系统来制止犯罪、减少贫困、避免战争、改善民生；新的能源和交通形式能否在元宇宙的帮助下出现在下一个时代；人类如何使用元宇宙的各种发展形式和可能路径，来指导人类应对全球变暖问题；如何利用元宇宙愿景集成当代先进科技的巨大优势，帮助人类早日达成碳达峰和碳中和。

第三章

个人元宇宙

CHAPTER 3

第三章
个人元宇宙

一 从"生活日志"到个人元宇宙

随着经济社会的发展和城市化的不断推进,人们的工作节奏越来越快,通勤、加班也占据了个人大量的时间,对孩子和父母的陪伴难免变少。据我国第七次全国人口普查数据显示,我国60岁及以上人口超过2.64亿,0~14岁人口为2.5亿,与第六次全国人口普查相比,我国少儿人口回升的同时,老龄化却在一定程度上加深。① 在此背景下,老人及儿童需要陪伴的时间也增多了。

设想这样的场景:你在一家大城市的公司任职,是公司的一名中层领导,经常的工作状态是:在开会,或者在去开会的路上。妻子是公务员,工作节奏并不比你轻松多少。你已过了青春年少,上有老,下有小。父母都在遥远的内陆城市。他们年事已高,身体欠佳,特别是母亲,她因为脑梗塞导致行动不便,语言功能也遇到了障碍。孩子面临中考,正在紧张的复习中……这些熟悉的场景,是不是当前万千中国家庭面临的生活痛点?人们希望给予父母最好的陪伴,希望给予孩子最好的呵护,可是,受时间和空间的限制,我们这些平凡生命无法实现此类愿望。拥有一个"分身",能在忙于工作时,仍能给老人陪伴,给孩子呵护,是每个人的美好愿望。个人元宇宙的愿景,就是通过集成数字科技的最新成果,为作为生命体的个人在社会生活中的种种痛点,带来可能的解决方案。

从加速研究基金会的"lifelogging"谈起。个人元宇宙的

---

① 参见《第七次全国人口普查主要数据情况》,国家统计局网,http://www.stats.gov.cn/tjsj/zxfb/ 202105/t20210510_1817176.html.

概念并非由笔者首创。它是伴随元宇宙概念和生态发展自然演进的结果。在2007年加速研究基金会（Acceleration Studies Foundation）绘制的元宇宙技术生态场景的四象限图[①]中，就将"lifelogging"[②]（生活日志）列为第一象限的主体内容，如图3—1所示。在当时的语境下，"生活日志"，单纯从单词的定义来说，是指对人们的日常体验和信息的捕获、存储、分发的行为或动作。"生活日志"通过网络摄像头和其他监控设备、可穿戴设备、流视频等技术来实现。这种做法可以用于人们对自我生活和艺术创作的表达，作为一种提供有用的历史或当前状态信息的方式，与他人分享不寻常的时刻；并且越来越多地作为一种"备份记忆"，保证一个人看到和听到的东西仍然可用以供日后检查。关于"生活日志"早期最有名的项目其实来自美国国防高级研究计划局(Defense Advanced Research Projects Agency，DARPA)[③]。2003年，在道格拉斯·盖奇的监督下，DARPA启动了一个名为"LifeLog"的项目，可见其重要性[④]。该项目结合当时的多种先进技术来记录人们的生活活动，以创建人们的生活记录。不久之后，"生活日志"的概念被确定为一种技术和文化实践，被美国政府、企业或军队用以

---

① Smart J, Cascio J, Paffendorf J. nd. Metaverse roadmap overview. Pathways to the 3d web. A Cross-Industry Public Foresight Project. *Retrieved June*, 2007, 10: 2009.

② Lifelogging是life(生活)与log(日志)、ing(行为)的合成词，也可翻译成"生活记录"。

③ 国防高级研究计划局(DARPA)是隶属于美国国防部（Department of Defense, DOD）的一个研发机构，负责促进技术的发展，以保持和提高美国军队的能力和技术优势。它的研究和选题值得国内关注。正如DARPA在自述中所说的那样："从1958年创立起，国防高级研究计划局的最初使命，是为了防止如同史普尼克发射那样的科技突破，那标志着苏联在太空领域打败了美国。这个使命宣言也随着时代而演进。今日，国防高级研究计划局的任务仍然是防止美国遭受敌人的科技突破，同时也针对敌人创造我们的科技突破。"

④ Pedersen, I. (2005). A semiotics of human actions for wearable augmented reality interfaces.

对大众进行各种监视和各种检测。DARPA的"LifeLog"项目于2004年被取消,但该项目在科技文献中普及了"LifeLog"这一概念,甚至日常话语中也使用生活日志(生活记录)一词。

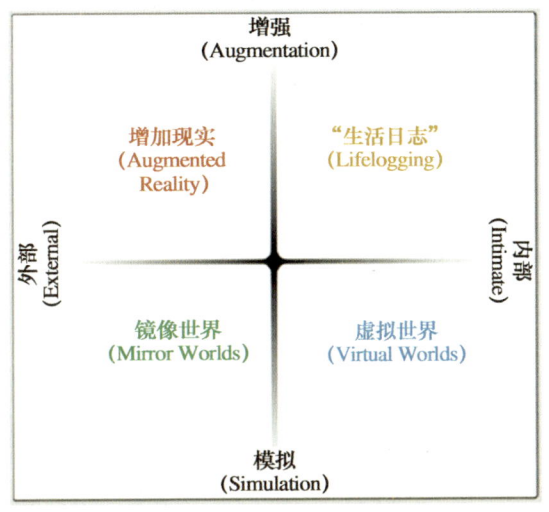

图3—1 元宇宙四象限图

来源:加速研究基金会。

在加速研究基金会报告中这样描述"生活日志":在"生活日志"中,增强技术用来记录和报告物理对象和用户个体的内部状态(intimate states①)和生活史(life histories),以支持对物理对象和用户个人的自我记忆、观察、交流和行为进行建模。对象生命日志是对于物理对象而言(如spimes②、blogjects③等)的,用以维护对

---

① 对"intimate"这个英文词的理解对于把握加速研究基金会绘制的元宇宙技术生态场景四象限图非常关键。"intimate"本身可以作为名词和形容词,是"亲密"和"亲密的"意思。但通过上下文来看,加速研究基金会用这个词还表达了"个体""内部""联系"之义。

② "Spimes"这个表达目前文献中已经很少使用了。原文中是指在物联网的背景下,对物理对象的整个生命周期通过空间和时间进行跟踪所得到的记录。它们本质上是虚拟的物理对象,也就是说,物理对象也可以拥有自己的物理化身。

③ "blogjects"直接翻译为"对象博客"("博客"和"对象"这两个词的串联),是指代物理对象的"博客"。

物理对象的使用、对使用环境和条件的叙述等。用户"生活日志"是对于用户个体而言（如life-caching、documented lives等）[①]，允许人们对自己的生活进行类似的记录。对象生命日志与AR场景重叠，都依赖于AR信息网络和无处不在的传感器。

"lifelogging"是个人元宇宙的最初版本。我们认为，加速研究基金会所界定的这个"生活日志"概念，就是个人元宇宙的最初版本。在生活日志中，增强技术用于记录和报告个体的状态和社会生活，用来支持个体对自我记忆、观察、交流和行为进行建模。增强技术是指复制人们已经拥有的东西（如假肢）、提高人们所拥有的能力（如让人们更聪明或更强壮）增加新能力（如能够看到红外线）。个体"生活日志"包括"生活缓存"和"有记录的生活"等部分内容，允许人们对自己生活中方方面面的信息和经历进行记录、检索、归纳和分享。值得注意的是，与一般的"生活日志"的定义不同，加速研究基金会的"生活日志"不仅包含个人，还包括物体对象。物体对象部分与当前的AR、VR和物联网的部分功能有所重合。因此，"生活日志"是对物体对象和个人的日常信息和体验的捕获、存储和分发。这种做法就像为物体对象和人类个体提供全生命周期的"完美日记"一样——正如微软创始人比尔·盖茨在其著作《拥抱未来》中所期望的那样，他称其为"有记录的生活"（"documented life"）。比尔·盖茨这样描述"有记录的生活"[②]：也就是说，不仅要不断更新他们与互联网的互动记录，还有他们所有

[①] "life-caching"对应翻译为"生活缓存"；"documented lives"对应翻译为"有记录的生活"，用于描述用户个体记录生活的行为。

[②] Bill Gates, Nathan Myhrvold and Peter Rinearson. *The Road Ahead*, Viking Penguin, 1995.

第三章
个人元宇宙

的日常对话，以及体温、血压或是当天的大气压等数据。比尔·盖茨谈到以电子方式记录的生活时说，这将是"终极日记和自传，如果你想要的话"。他推测这个正在运行的数据库可能构成了一个"不在场证明机器"，可以用来防止虚假指控。另外他总结道，"如果你犯了什么罪，就会有记录。"同时，比尔·盖茨承认这个前景"有点令人不安"。

由此可见，无论是加速研究基金会还是比尔·盖茨，他们构想的"生活日志"和对应的虚拟世界，本质上都是为用户提供了更详细了解自己生活和身处所在关系的工具，是为个人实现更加美好的生活，实现个人价值服务的。当然，对于"生活日志"，人们既有对"当时"美好"未来"的畅想，也表达了此类技术发展对个体生活可能带来的负面影响的担心。

个人元宇宙是"lifelogging"在整个元宇宙生态进展过程中的自然演进。人类以"心"为原点，向外探寻物理世界、浩瀚的星空；向内建立丰富的精神世界。个人元宇宙就是这个向内的精神世界。"生活日志"的许多相关技术，伴随着脑科学、神经科学、材料科学、心理学、计算机科学和纳米科学的演进，有了许多新的变化，其应用场景也扩展到元宇宙全景图的所有象限。科学技术发展到今天，人们有了更先进的技术对自己的观察、交流、行为，甚至记忆、思维、情感进行建模、上传到云端、分析和利用，特别是在脑机接口、个人数字孪生体和硅基生命方面的研究和探索。如图3—2所示。

个人元宇宙的第一象限，"个体+智慧生活"。这里包括了个人与"智慧生活"相重叠的部分。这部分内容在第一章已经描述过，

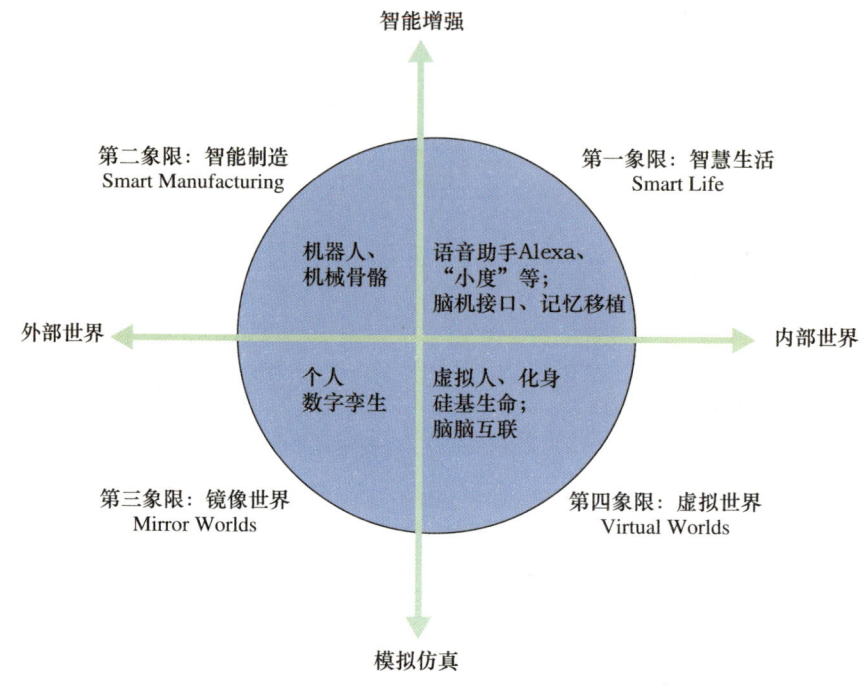

图3—2 个人元宇宙在元宇宙全景图中的定位

这里不再赘述。还包括了脑机接口、记忆芯片等前沿技术对个人生活所带来的深刻变革。脑机技术是囊括了脑科学、神经科学、材料科学、心理学、计算机科学等多个学科的研究；没有哪项技术像脑机接口一样，会彻底颠覆人类文明的进程。脑机技术的颠覆性在于，它在试图替代5万年来人类赖以为生的协作工具：语言。它要绕过语言，建立一个能让大脑和外界直接沟通的全新界面。这不仅会改变人们交流的方式，而且会赋予人类一系列"科幻级别"的新能力，如用意识操控机器、移植记忆、用机械骨骼代替人体以及全面提升大脑的算力。用一句话来说，脑机技术一旦实现，人类将一跃成为超人。那么，用脑机接口有可能实现人类的记忆移植吗？其实，科学家很早就知道，在人类大脑中，海马体掌管记忆，如果海马体退化或受损，人就会失忆，人们常说的阿尔茨海默症就是这个原理。人们如果想长久记住一件事，一定要靠海马体把短期记忆转化为长期记忆才行。所以海马体就像是大脑里的记忆程序员。每当一条短期记忆要被转化为长期记忆的时候，它就会对这些短期记忆进行编码，然后输出一条长期记忆密码给大脑，当大脑看到这个密码，记忆就可以长期保存。早在2002年，南加州大学的西奥多·伯格教授发现了海马体的记忆密码，就开始尝试用芯片储存记忆密码的数据，再用芯片代替海马体的工作。2013年，他所率领的团队用猴子完成了实验。伯格教授做的芯片，其实就是用数学模型模仿了大脑里海马体的功能。到2016年，伯格教授的团队用记忆芯片尝试做人类实验，成为第一个在人类中成功实施的概念验证系统，该系统通过使用患者自己的海马体神经记忆编码来恢复和改善记忆功能，移植成功率已经接近80%。[1] 当前，关于人类的记忆原理，科学家们还在摸索当中。比如，海马体在把短期记忆转化为长期记忆时向大脑发送的那条密码是不是就是记忆本身呢？未来，人类是不是可以用芯片保存这条密码，就像把人的记忆存储到记忆的硬盘呢？

个人元宇宙的第二象限，"个体+智能制造"。这里主要包括了"智能"制造中与人类个体相关的部分，如外骨骼和人形机器人等应用场景和技术。外骨骼实质上就是一种人工外骨骼，也是一种机械机构，穿戴在操作者的身体外部，为操作者提供了诸如保护、

---

[1] Hampson, R. E., Song, D., Robinson, B. S., Fetterhoff, D., Dakos, A. S., Roeder, B. M., ... & Deadwyler, S. A. (2018). Developing a hippocampal neural prosthetic to facilitate human memory encoding and recall. *Journal of neural engineering*, 15(3), 036014.

身体支撑等功能，同时又融合了传感、控制、驱动、信息融合等机器人技术，使得外骨骼能够在操作者的控制下完成一定的功能和任务。早在2004年，DARPA就在加利福尼亚大学伯克利分校研制成功了一种可以绑缚在士兵腿上的"伯克利末端外骨骼"（Berkeley Lower Extremity Exoskeleton，BLEEX），总共有40多个传感器以及液压关节，它们组成了一个类似人类神经系统的局域网，能够根据使用者的动作计算出所需的力量分配，然后调节仿生机械腿，将负荷重量合理分配到一对合成金属制成的不锈钢钢架结构上，从而使佩戴者的负荷达到最少。[①] 之后，在DARPA的"增强人体机能的外骨骼系统"（Exoskeletons for Human Performance Augmentation，EHPA）项目推动下，又发展了下肢型和全身型外骨骼两类，最具代表性的是洛克希德马丁公司的"HULC"下肢外骨骼和萨克斯公司的"XOS"全身式外骨骼。另外，美国新研制的"轻型战术突击作战服（TALOS）"是一款集成了全身轻型护甲、助力外骨骼、内置显示器、态势感知、生理监控系统的综合性能的先进外骨骼系统。近年来，又发展了柔性外骨骼，如DARPA的"勇士织衣"外骨骼、哈佛的柔性外骨骼和斯坦福的"超柔"（SuperFlex）外骨骼等。当前，人形机器人的逼真度正在以惊人的速度提高，甚至发展到无法分辨真假的程度。日本在人形机器人方面的研究全球领先。在"日本科学未来馆"，人们可以看到能够完成复杂动作的逼真人形机器人"Alter"（如图3—3所示）以及与人类外形相同、动作细腻的人形机器人"Otonaroid"（如图3—4所示），

[①] 参见杨智勇、张静等：《外骨骼机器人控制方法综述》，《海军航空工程学院学报》2009年第24期。

甚至通过人形机器人与他人交谈，还能控制其表情和动作（如图3—5所示）。当前，人们必须要思考，在未来，当人形机器人全面进入人们的工作、生活时，人类存在的意义是什么，以及"人类"的定义会变成怎样呢？

图3—3　能够完成复杂动作的人形机器人"Alter"

来源："日本科学未来馆"官网。

图3—4　外表看上去与人类完全相同的"Otonaroid"

来源："日本科学未来馆"官网。

图3—5 通过人形机器人与他人交谈时还能控制其表情和动作
来源:"日本科学未来馆"官网。

个人元宇宙的第三象限,"个体+数字孪生"。主要包括个人人体1∶1的数字孪生。人们是否想过,在数字世界里打造出另一个自己?他拥有跟现实中的你一样的外形、举止,甚至还有跟人一样思考的能力。这其实就是个人数字孪生体。数字孪生作为一种技术,终将从原子、器件应用扩展到细胞、心脏、人体,甚至未来整个地球和宇宙都可以在虚拟赛博空间重建数字孪生世界。尽管从造物角度来讲,人体比机械要复杂太多。人体有37万亿个细胞,每一个细胞生命周期里又有4200万个蛋白质。但人体数字化,即基于人体相关的多学科、多专业知识的系统化研究,将这些知识全部注入人体的数字孪生体中,这有利于降低各种手术风险,提高成功率,改进药物研发,提高药物效用。跨国软件公司达索系统,有一个非常著名的项目叫数字心脏。项目人员通过研究心脏怎么泵送血液,怎么通过生物电控制肌肉纤维,怎么对药物产生反应,等等,构建出了一个能够还原出人类心脏真实运行状态的数字心脏。这个数字心脏有很多作用。比如，它可以帮助医生进行手术预演、规划手术步骤，帮助医学院更高效地开展复杂医学手术和解剖教学，帮助医疗设备制造商开展药物或医疗器械的仿真实验、缩短产品的研发周期。除了心脏以外，大脑的数字孪生体也已经在临床上创造了许多新价值，比如，帮助人们开展大脑物理创伤的治疗，提高精神类疾病的治疗精准度，提高阿尔茨海默症、脑萎缩等疾病的治疗效率，等等。虽然截至目前，数字孪生技术还没有发展到可以复制出一个完整人类的程度，但是，现实世界中许多其他的物理对象已经拥有了自己的数字孪生体。比如，一个人体器官、一个飞机引擎、一套生产系统甚至一座工厂、一个城市等。未来，每个人都可能拥有自己的数字孪生体。通过各种新型医疗检测、扫描仪器及可穿戴设备，人们可以完美地复制出一个数字化身体，并可以追踪这个数字化身体每一部分的运动与变化，从而更好地进行自我健康监测、管理，预防中风、治疗瘫痪等。

"个人元宇宙"的第四象限，"个体+虚拟世界"。主要包括虚拟人、数字人、硅基生命。人们通过各种技术向网络空间发布关于自己的信息，最终可能实现用户在现实空间和虚拟空间之间的相互复制。个人的数字化过程通常可能包括三个阶段：一是个体的数字化。这里，用"数字"强调与现实真人的对应。网下真实的自我通过持续、自觉、全面地发布微内容(文字、图片和音视频)，实现自身向网络空间的数字化，逐渐建设成一个数字化身，也有人称之为"数字助理""数字勤务兵"，为网下真实的自我服务。二是个体和周围世界的数据化。这里，"数据"强调所有与个体相关的所有数据。利用各种技术，包括RFID、GPS、LBS（Location-based

Services）等，与空间定位相关的技术，包括Google Glass、Apple Watch、Meta Ray-ban Stories①等智能眼镜设备，以及初级的AR、VR、MR等虚拟现实技术，等等，使用户可以上传空间数据、行为数据、生理数据和非语言符号数据，使得个人的化身越来越丰满，从而生成个人数字孪生体。用户通过元宇宙基础设施和超级虚拟现实技术将现实自我和数字自我不断相互融合，参与元宇宙各种应用。三是现实个体和虚拟个体的完全融合，合二为一。在混合虚拟现实技术和人机接口技术的支持下，日益人性化的人机互动界面导致网下与网络空间的不断重合，网络空间融合现实空间，现实空间融合网络空间，现实自我和数字自我真正融合为一体，难以区别。化身可以代替个体参与某些活动。未来，当"奇点"来临，人类可能能够逼真地在网络空间里复制出自己的化身，化身可以在人们的肉体逝去后仍然存在，并与活着的家人继续对话，人类可能克服死亡的鸿沟，实现生者与逝者间的对话。最后，当"脑""脑"可以交互、彼此互联，每一个"脑"就是一个"三磅的宇宙"，而成千上万的小宇宙，连接起来一个更大的宇宙。而这样一个无比复杂的系统，势必涌现出局部宇宙所没有的新特性。到那时，人类社会也将进入后人类时代。

总之，个人元宇宙是整个元宇宙体系中相对自治的一个系统，承载了自包含的最小闭包内容，具有身份属性、价值属性、社会属性和生命属性，将元宇宙中与个人相关的所有信息连接在一起，构成一个相对独立的系统。在四象限全景图中，它不再属于独立的某个象限，而是集成了多个象限的与个体相关的应用场景。如果元宇

---

① 分别指谷歌、苹果、Meta发布的智能眼镜产品。

第三章 个人元宇宙

宙是由许多相互影响、相互加强的关键数字技术，如人工智能、大数据、云计算、物联网、区块链、人机交互、纳米技术等，集成赋能给各行各业，形成的现实世界和虚拟世界相融合的有机生态体系，那么，个人元宇宙是这个广义元宇宙的一部分，涵盖个人及与个人密切相关的所有物理对象和内容，是由各种先进的信息技术，特别是人工智能、生命科学、大数据、物联网、区块链、人机交互、脑机接口等，集成应用实现于人类个体的价值需求，赋能给个人工作和生活的方方面面，融合形成现实个体和虚拟个体的有机生态。我们称这个定义为广义的个人元宇宙。同元宇宙的定义一样，个人元宇宙的定义包括了整个元宇宙生态中与个体相关的部分。正如狭义的元宇宙定义一样，同样有不少业界学者特别关注"虚拟世界"象限中的虚拟人、化身和硅基生命，我们称这个视角的个人元宇宙为狭义的个人元宇宙。

个人元宇宙应用以什么样的技术形态存在？我们认为，目前这仍然是一个开放的问题。从个人的数字化，到个人的数字孪生；从虚拟人、"化身"到硅基生命、"数字永生"，都是个人元宇宙技术形态的可能存在形式。个人元宇宙的最终目标是拓展个人的时间与空间，促进人类个体自由全面发展，实现个体生命价值最大化。例如，通过个人元宇宙相关产品，人们有望能时时刻刻陪伴在年迈的父母或者年幼的孩子身旁。如何实现此类宏大但温情的目标，开拓个人元宇宙相关产品的研究和应用，真正体现个人元宇宙创造人类个体美好幸福生活的最终目标，是对相关从业者的挑战。

二　个人元宇宙的核心特征

除了具有广义元宇宙的一些基本特征之外，个人元宇宙还具有身份属性、价值属性、社会属性和生命属性。

个人元宇宙具有身份属性。个人元宇宙既是整个元宇宙生态的一部分，也是最基本、最关键的内容之一。个人元宇宙针对的是"个体"，因此，个体的"身份"是一个核心概念。不同的对象，"身份"的定义可能不同。对于个人而言，人们在元宇宙中的各个活动需要一个安全、可信、通用化的数字身份。数字身份需要满足三个基本特点。第一，身份需要具有通用性，能够打通身份体系、数据体系、信用体系、资产体系，从而全面对接元宇宙中的各类应用。第二，身份需要具有独立性，完全由用户掌握。授权时，用户可以自主选择授权范围，并可以随时取消授权（取消后，对方无法再使用任何个人数据）。第三，身份需要具有隐私性，个人信息要实现"可验而不可得"，在授权的过程中，人们只需要告诉对方验证结果，而不需要将自己的具体信息告诉对方，在保护个人隐私的前提下更方便地使用身份和个人数据；身份可以与现实中的人紧密绑定，但也有独立存在的身份，如NPC所具有的身份。身份属性既包含外在的形象，也包含内在的数字身份；个人元宇宙的建立，既离不开数字形象，也离不开数字身份。数字形象是元宇宙中数字身份的外在表现形态，设计属于自己的数字形象，往往是人们进入元宇宙做的第一件事。数字形象综合反映了一个人的兴趣、审美、情怀、梦想等诸多心理因素，比物理世界中的实际样貌更能反映一

第三章
个人元宇宙

个人心目中理想的自我形象，是一种深层次的自我认知在数字世界中的投射。因此，随着数字生活与社会生活的进一步融合，以及人们的日常生活全方位地向元宇宙迁移，数字形象也将成为人们主要的社交形象。在参与元宇宙的各个应用场景时，每个用户都拥有自己的数字身份。数字形象只是元宇宙中数字身份的外在表现形态，数字身份才是元宇宙中一切数字活动的基石。数字身份未来可能与现实身份逐步融合。数字身份有点类似我们在元宇宙中的身份证号，是一种在数字世界中的通用的身份，但是又会比身份证号强大得多。数字身份是人们一切数字活动的基石，人们在元宇宙中的工作、生活、娱乐、投资、交易等都基于它来完成。如果没有高度可信的数字身份体系，元宇宙中的数字社会就难以健康发展。因此，数字身份与现实世界中的个人身份一样，具有通用性、独立性、隐私性。数字身份可打通数字世界中身份、数据、信用和资产体系，并逐步与现实身份融合，从而保障人们在元宇宙中的美好生活。

事实上，目前人们已经可以基于区块链、非对称加密、隐私计算等技术，获得加密的、可控的、真正属于自己的数字身份。比如，知名的浏览器插件 Metamask 钱包[①]，提供了以安全的技术手段访问以太网区块链的工具。[②] 本质上，Metamask 提供两个核心的功能：一是账户功能，即确保个人和应用之间相互的"身份"；二

[①] Metamask 图标是一个小狐狸，因此常被称作"小狐狸钱包"，是一种用于与以太坊区块链交互的软件加密货币"钱包"。在区块链应用的语境下，"钱包"就是与人们的"身份"相关的所有信息，所有与账号相关的密码、身份证明、拥有证明，全部集成到这个"钱包"。通过安装它，将可以以"你"唯一的身份，与区块链的各种应用建立安全的连接，访问各种以太网的应用。

[②] 为帮助读者理解，进一步解释如下：Metamask 通过 JavaScript 接口 Web3.js 访问以太网区块链，通过这个接口，可以进行如获取链的最新区块、检查 Metamask 的当前活动账户、获取账户的余额、发送交易、使用当前账户的私钥签署消息等活动。

是网关功能,即确保个人和应用之间相互的"安全"。一方面,Metamask提供了一个基于区块链的数字身份管理器,如图3—6所示,允许用户以全球唯一的绑定身份,通过浏览器扩展程序或移动应用程序访问各种以太网应用。它可以帮我们管理基于区块链的由地址与私钥两者组成的数字身份,并将数字身份和数字资产牢牢绑定在一起;此类身份具有高度的通用性,用户可以用任何支持以太坊区块链的钱包创建数字身份,并随时导入其他钱包中使用;也可以基于Metamask使用所有的以太坊DApp[①]。另一方面,Metamask可以保证与去中心化应用程序之间建立连接是高度安全的,可以进行安全的付款、资产买卖、资产确权、价值交互等之类的交易活动,起到用户和区块链应用之间的网关作用。

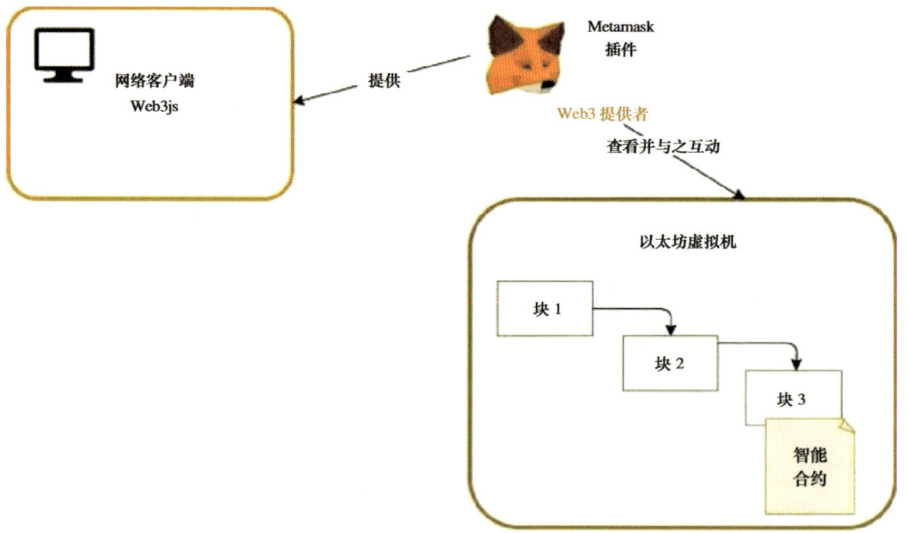

图3—6 通过Metamask提供安全的相互"身份"认证和访问以太坊应用

来源:Metamask官网,https://meta mask-io/.

---

① 指去中心化应用。

创建一个地址与私钥两者组成的数字身份的具体过程大体如下。[1] 整个创建过程是完全去中心化的，用户在注册时不需要绑定任何邮箱或者手机号。首先，计算机系统根据用户的请求，随机生成一个私钥。这个私钥是用户掌握数字身份的关键。因此，这个私钥绝不能泄露，一般只保存在本机上，不会上传到互联网上。其次，在私钥生成后，系统会根据这个私钥计算生成对应的公钥，然后进一步生成一个"地址"，这个地址就是用户在区块链上的公开数字身份标识。基于非对称加密技术，在身份的管理权（私钥）始终掌握在自己手中的前提下，用户可以选择授权登录哪些应用，也可以选择允许哪些应用调用个人资产和数据（在一定范围内），并且可以随时修改或者取消授权。私钥就相当于个人身份的钥匙，只有拿着钥匙的人才可以调用身份，任何其他人（哪怕是"钱包"的运营商）都不可能在没有私钥的前提下调用你的身份。

需要强调的是，正如"生活日志"中包含有物体对象一样，个人元宇宙不仅包含与"个人"本体相关的东西，如数字形象、虚拟人、数字孪生人、化身以及未来的"硅基生命"和"数字超人"，还包括元宇宙中与"个人"发生紧密联系的一切"物体"的相关信息。因此，对于元宇宙的大部分应用来说，挑战往往不在于缺乏信息，而在于缺乏找到正确的关联信息的能力。这时就更加体现了数字身份的重要性：数字身份不仅是外在的数字形象，而且是每个人在元宇宙中的标志（以数字代码或区块链地址的形式），用于记录人们在元宇宙中的社会关系、活动记录、交易历史、数字贡献、财产权利、知识创意等一切信息。因此，对于数字创造的内容而言，

---

[1] 参见于佳宁、何超：《元宇宙》，中信出版社2021年版，第193页。

NFT也起到了"身份"的作用。最后，对于物理对象而言，一个独一无二的标志就是其"身份"。

个人元宇宙具有价值属性。实际上，个人元宇宙不仅包括"人"，还包括了这个"人"在数字世界中的所有创作内容，社会交往、经验、经历和智慧等共同构建的个人数字生活整体生态。数字内容创造是个人元宇宙的重要组成部分。数字艺术的发展降低了创作者的参与门槛，让每个人都有机会用各种形式展示自己的创意，让更多人有机会踏上自己的数字艺术创作之旅，甚至成为数字艺术家。在元宇宙中，每个人都有机会成为数字艺术家，如网红数字艺术家维克托·朗格卢瓦。朗格卢瓦是一位来自美国的数字艺术家，在数字艺术领域被叫作FEWOCIOUS。12岁时，在社会机构的帮助下，他逃离了恶劣的原生家庭环境，来到了祖父母家中生活。他从小酷爱绘画。但是，由于经济困难等原因，他的艺术创作之路并不顺利。他没有放弃，坚持为同学创作绘画，为乐队绘制专辑封面和海报。用赚得的一些收入，他买了一台属于自己的平板电脑，从此打开了通向数字世界的大门。2020年3月，FEWOCIOUS第一次将自己的一幅数字作品以90美元的价格卖给了一位纽约艺术收藏家。不久之后，这位收藏家向他介绍了NFT，带他进入了令他着迷的数字艺术市场。2021年3月5日，他的作品《FEWOCIOUS笔下永恒的美丽》在Nifty Gateway①数字艺术品交易平台上以55万美元的价格成交。这一年他仅仅18岁。FEWOCIOUS有一次在线上接受采访时说："我没想到我真的可以做自己，还能被人喜欢，

---

① Nifty Gateway是邓肯和格里芬·科克·福斯特创立的非同质化代币（NFT）艺术品数字艺术品在线拍卖平台。

第三章
个人元宇宙

并且有收入!"从一个攒钱买平板电脑的孩子,到一个曾经让佳士得①网站拥挤到宕机的数字艺术家,他通过数字艺术开启了新的精彩人生。

理解价值,需要深入理解NFT。什么是NFT?每个NFT都是一个唯一的数字化证书(称为令牌),它是存储在区块链上的数据的数字单元。它可以是某种事物的表现形式(艺术品、照片、音乐、游戏或收藏品),也可以是仅以数字形式存在的原创作品。NFT通常使用特定区块链上使用或接受的加密货币或数字代币(统称为代币)类型进行买卖。最初,NFT几乎完全在以太坊区块链上创建,并使用以太代币(ETH)购买。以太币是以太坊区块链的原生代币,具有智能合约的功能。以太坊作为主要的"燃料",为以太坊区块链上的所有活动提供动力。在区块链上创建NFT后,其所有后续交易都会被跟踪和记录。每个令牌的元数据都允许进行此类跟踪,因为它包含有关所有权的信息以及适用于该令牌的所有其他条款和条件。每个令牌都是不可替代的,因为它的元数据不能被复制或复制。换句话说,一个NFT不能与另一个NFT或任何其他资产互换。即使使用相同的内容创建多个副本,每个NFT也具有唯一的元数据。一旦NFT被记录在区块链上,它的出处就可以被追踪,表明谁拥有、以前拥有和创建了NFT,以及许多副本中的哪一个是原始的。②NFT不能被分成更小的单位,也不能像

---

① 佳士得是一家拥有250年历史的英国艺术品及奢侈品拍卖行,于1766年由詹姆士·佳士得所创立,在全球艺术市场中处于领先地位。

② Nadini, M., Alessandretti, L., Di Giacinto, F., Martino, M., Aiello, L. M., & Baronchelli, A. (2021). Mapping the NFT revolution: market trends, trade networks, and visual features. *Scientific reports*, 11(1), 1–11.

比特币(BTC)或ETH等可替代的可兑换加密货币一样使用（可兑换的加密货币①具有等值的真实货币或作为真实货币的替代品）。一个NFT不能兑换另一个，NFT的价值（如果有的话）完全基于某人愿意支付给卖家购买它的价格。NFT通过在线市场销售，包括流行的OpenSea以及Nifty Gateway、Rarible、SuperRare和MakersPlace。②所有NFT平台都承载区块链技术。NFT参与者需要一个加密"钱包"，如Metamask，才能连接到NFT平台。一旦参与者拥有一个加密"钱包"，她/他就可以转移购买NFT所需的代币类型，并可以在钱包中持有NFT，用于购买NFT的流行代币包括ETH、DAI③和SOL。NFT通常拍卖（包括在线拍卖和最近通过传统拍卖行）以固定价格或通过降价上市出售。

个人元宇宙具有社会属性。社会交往是元宇宙的关键应用场景。随着AR、VR、5G、云计算等技术成熟度的提升和沉浸感、参与度、永续性的实现，由个体参与的元宇宙的许多设想正逐步从概念走向实现。在元宇宙中，每个人的"数字足迹"与数字身份绑定，从而参与社群协作或是与其他元宇宙居民建立合作关系。与当前的网络社交不同之处在于：一是在元宇宙中将重构现实中的社交、生活乃至经济与社会系统；二是现实世界里的大多数社交场景在元宇宙中将以更加真实、更加沉浸的方式实现。因此，只有在

---

① 本书在叙述中也将加密货币一词用于指代"虚拟货币""代币""数字资产"。
② 以上均是当前五个著名的NFT交易平台。尽管OpenSea提供了一个通用市场，但许多其他NFT市场更加专业化，并迎合特定类型的NFT，如体育、视觉艺术或游戏。
③ DAI是一种在以太坊区块链上运行的去中心化稳定币，它试图维持1.00美元的价值。与中心化稳定币不同，DAI由制造商平台上的抵押品支持。SOL是一种代币，是支付Solana去中心化计算平台上交易的"Gas"。"Gas"是指在区块链网络上执行特定功能所需的代币数量。

真正的元宇宙当中，人们可以兼顾数字生活与社会生活，体验更加丰富多彩的人生。例如，在Decentraland中有各种各样的展览和活动，用户只要把活动的坐标地址发给朋友们，大家就可以一起参与进来。人们在数字空间内可以和朋友聊天、约朋友逛街、参加聚会、看电影、旅行等。

个人元宇宙具有生命属性。生命属性包括人的情感、记忆、意识和智慧。数字世界，或者硅基世界的"人类永生"，是一个极具争议的话题；未来科技的发展方向，会出现"硅基生命""数字超人"或者所谓"超级人工智能"吗？未来可能出现一个人类可以"永生"的数字世界吗？2020年，亚马逊制作了一部有趣的情景喜剧"上载新生"（Upload）。故事的背景是，2033年，整个世界实现了全面的数字化和智能化，人们在去世前将自己的思维数据"上载"到一个名为湖景庄园的数字世界，借此实现"永生"。男主角内森（Nathan）在影片刚开始时就遇到了非常严重的车祸，濒临死亡。内森的女朋友说服他放弃抢救，因此他在逝世前将自己的思维科技数据"上载"到了湖景庄园。湖景庄园中的生活体验几乎与物理世界一模一样，如内森在数字世界中拥有与物理世界相同的样貌，会感觉到饥饿和寒冷，也可以参加各种活动。当然，内森还可以获得一些超越现实的体验，如在付费后，可以一键调节窗外的景色和季节。湖景庄园的世界也可以与物理世界进行互动。内森在湖景庄园中日复一日地过着普通的生活。湖景庄园里的生活看似美好，却存在着很多的问题。例如，用户在湖景庄园中的所有消费都需要由现实中的人进行续费；用户对湖景庄园并没有任何话语权，所有的一切都是由湖景庄园项目的开发公司和管理员控制的；用户的隐私数据被人们随意买卖，当成下饭的视频；服务器出现问题导致很多用户数据丢失，从而导致他们直接变成像素极低的"马赛克人"。湖景庄园是现代人对未来"人类永生"问题的想象。提出的问题仍然是如何去看待"硅基生命"和"超级人工智能"这样一个既复杂又容易引起争议的问题。

在未来的元宇宙中，人类甚至可能出现这样一种状况：人们甚至不知道，面对的是人工智能的化身，还是真正的人类。因此，个人元宇宙的发展不仅仅是技术问题，更重要的，是要从社会发展的角度去看待这个问题。这个问题目前没有答案。伦理争议仍将持续。科技的演进将不以个人的意志为转移，科学家对脑机接口的研究也可能会出一条摩尔定律，从而让"脑联网"真正实现。但有一点我们是确认的，真正的元宇宙和真正的个人元宇宙，必定会帮助人们更好地生活，惠及更多的普通大众，让更多的人，有更多的机会，在一个更加广阔无限的世界里实现自我的价值。

三 个人元宇宙当前的发展——虚拟人

"虚拟数字人"一词最早源于1989年美国国立医学图书馆发起的"可视人计划"（Visible Human Project[①]），通常指具有数字化外形的虚拟人物，作为元宇宙里面个人的数字形象，其重要性不言而喻。虚拟数字人通常具备三方面特征：人的外观，具备特定相貌、性别和性格等人物特征；人的行为，具有语言、面部表情和肢体动作表达能力；人的思想，具有识别外界环境并与人交流互动的能力。

[①] Ackerman. M. J.(1998). The visible human project. *Proceedings of the IEEE*, 86(3), 504–511.

虚拟数字人发展，与其制作技术进步息息相关，经历了从早期手工绘制，到电脑绘图、人工智能合成，其制作过程得到有效简化。随着自然语言处理、语音识别、计算机视觉等人工智能技术的应用拓展，虚拟数字人正朝着智能化、便捷化、精细化、多样化发展。

当前，虚拟数字人的应用领域正在不断拓展。早期数字人主要应用于泛娱乐领域，如电影、动画等。如今，虚拟数字人已成功应用至银行、医疗、教育、政务、通信等各行各业，如表3—1所示，具备情感表达和交流沟通能力。

表3—1 当前虚拟人的应用领域

领域	场景	角色
影视	虚拟替身特效可以帮助导演实现现实拍摄中无法表现的内容和效果，这已成为特效商业大片拍摄中的重要技术手段和卖点	虚拟替身
传媒	定制化虚拟主持人/主播/偶像，支持从音频/文本内容一键生成视频，实现节目内容自动化生产，打造品牌特有IP形象，实现观众互动，优化观看体验	虚拟主持人、虚拟主播、虚拟偶像
游戏	越来越真实的虚拟人游戏角色使游戏者有了更强的代入感，可玩性变得更强	虚拟角色
金融	通过智能理财顾问、智能客服等角色，实现以客户为中心的、智能高效的人性化服务	智能客服、智能理财顾问
文旅	博物馆、科技馆、主题乐园、名人故居等虚拟小剧场、虚拟导游、虚拟讲解员	虚拟导游、虚拟讲解员
教育	基于VR/AR的场景式教育，虚拟导师帮助构建自适应/个性化学习环境	虚拟导师
医疗	提供家庭陪护/家庭医生/心理咨询等医疗服务，实时关注家庭成员身心健康，并及时提供应对建议	心理医生、家庭医生
零售	从大屏、机器人到全息空间，从数据分析、个性营销、智能货架、无人商店四大应用场景切入构建线下零售服务新流程，虚拟主播亦可进行电商直播	顾客服务数字人、商家管理数字人、虚拟主播

来源：天风证券研究报告。

虚拟数字人分类有不同的标准。根据是否具备交互模块，虚拟数字人分为交互型虚拟数字人和非交互型虚拟数字人。根据驱动方式不同，交互型数字人又可分为真人驱动型虚拟数字人和智能驱动型虚拟数字人。智能驱动型虚拟数字人通过智能系统自动读取并解析识别外界输入的信息，根据结果决策数字人后续的输出文本，驱动人物模型生成相应的语音与动作，使数字人跟用户产生互动。真人驱动型虚拟数字人，通过真人来驱动数字人，真人通过视频监控系统传来的用户视频，与用户实时语音，同时通过动作捕捉采集系统将真人的表情、动作呈现在虚拟数字人形象中，与用户进行交互。非交互型虚拟数字人不具备交互功能，系统根据目标文本生成对应的人物语音及动画，并合成音视频呈现给用户。

真人驱动型虚拟人多应用于泛娱乐领域，智能驱动型虚拟人多应用于服务领域。由于真人驱动型虚拟人是在完成原型建模和关键点绑定后，由佩戴动捕设备或特定摄像头的真人实时驱动，除设备购置外无其他技术成本，且互动感更为亲切，因此现阶段可交互虚拟人以真人驱动型为主，并在虚拟偶像、虚拟主播等娱乐领域得到广泛应用。智能驱动型虚拟人旨在简化各类业务流程以提升企业运作效率，作为当下尖端基础技术的集合体，具备初始投入高、未来边际成本低的特质，是未来的发展方向。

当前，还有一种虚拟人，也可以归入此类应用，就是陪伴机器人。陪伴机器人就是根据日常生活所需，为老人及孩子提供便捷服务的一种产品。此类机器人不仅可以通过声音、动作等方式与老人、孩子进行互动，还可以进行实时监控，一定程度上缓解了忙碌工作人群的担忧。例如，安康通公司研发了一种名为"小豹"的陪伴机器人，在运作过程中，小豹机器人能够给老人和孩子提供安全防护、娱乐陪伴、智能服务等服务方式，让他们的生活富有保障；华为推出了一款儿童机器人——华为小艺精灵，依托人工智能系统，华为小艺精灵被赋予了情绪识别、场景识别、多人互动等核心能力，成为孩子们的玩伴。在国外，以色列公司Intuition Robotics近期研发了一款名为ElliQ的陪伴机器人，这款机器人致力于将人工智能技术与机器数字化相结合，加强了人与机器人之间的情感联系；日本有一家陪伴机器人公司叫GROOVE X，是一家专门探索人与机器人之间新关系的公司。日本机器人的一个独特方面是将机器人视为人类可行的合作伙伴和朋友。最近推出的一个完美体现了这种愿望的机器人是LOVOT，这是一种小型机器，其唯一功能是传播爱。LOVOT，其名称是"爱"（love）和"机器人"（robot）的组合，实际上，它看起来更像是一个毛绒玩具而不是机器人，

图3—7 家庭陪伴机器人LOVOT

来源：Groove X官网。

如图3—7所示。LOVOT是一款非常逼真且高度复杂的移动机器人，可以在环境中导航、识别人并要求拥抱。LOVOT的外观混合了企鹅、猫头鹰和可爱的泰迪熊，让人难以忽视。当你拿起它时，LOVOT会感到温暖，就像一个活物。如果你在怀里摇晃LOVOT，它会闭上眼睛，进入睡眠状态。LOVOT可以帮助满足孤独者的情感需求。它在2020年拉斯维加斯的CES（Consumer Electronics Show）消费电子展上大放异彩，并获得The Verge颁发的CES最佳机器人奖，该奖项指出LOVOT"具有革命性"。

四　个人元宇宙的未来——硅基生命

硅基生命是指人工智能生命。讨论个人元宇宙，超级人工智能和硅基生命是不可回避的主题。生命是可以计算的吗？思维是可以计算的吗？人的情绪、意识、感情是可以计算的吗？思维的本质到底是什么？思维是如何运行的？人类对这些问题的探索和困惑已经贯穿了上千年，并从各种途径对思维现象进行了深入的研究。但是，当前，对人类来说，人脑基本上依然是一个"黑箱"。自从信息科学问世以来，人们开始用信息加工的观点和方法来研究和解释人的心理或思维现象，从具体、实用的目的看，计算就是对信息的加工。事实上从这个意义上来说，思维的信息处理能力就是计算，而信息的语义内容则把思维与世界联系起来。著名的计算主义哲学家迪艾切克就主张，认知是对各种表示实施确定的图灵可计算函数的操作。[①]实际上，就理性思维而言，计算机已经在很多方面出色地

[①] E Dietrich: Thinking Computers and Virtual Persons. New York，1994. p.35.

完成并且超越以前只有人脑才能完成的工作。硅基生命是人工智能技术模拟人类思维和情绪，或者，人之所以称为"生命"的技术。靠自然进化在进化链上寻找硅基生命的可能性微乎其微，但是新发展起来的以硅为主要半导体元件的计算机技术以及其后的人工智能学、汹涌而来的网络技术都使硅基生命的发展在和计算机人工智能结合的层面有了突破的可能。所以本文中的硅基生命指的是狭义上的人工智能生命。

从思维的本质来看，人类思维是可计算的。人工智能在一开始就关注这样一个问题，即信息在大脑中的编码形式和人脑处理信息的方式是什么，以及如何构造一个系统，使之可以模仿由上百亿个神经元组成的人脑的行为，去思考宇宙中最复杂的问题。思维是以人脑神经活动为载体的信息过程。思维的存在要以人脑的神经活动存在为物质前提，思维是对主客体相互作用信息的反映。传统的哲学和心理学理论普遍认为意识或心理现象是对客观存在的反映，即心理活动的素材或内容来源于客观外界，思维是对客观存在的反映，是外部客观存在的主观映象，这就是所谓的反映论。但是，如果人们从思维的具体信息加工过程来看，思维本质上是一种信息现象，是信息的输入、加工、存贮、检索与输出的广义信息过程。视觉、听觉、触觉和嗅觉等感觉器官所接受的，主要是外界信息图像的整个层次结构和一个个与之对应的信息元素群所组成的混合物，而不是简单的一个个互相独立的信息元素。这是生命在自然界中长期演化的结果，也是高级生物感官所具有的共同特征。因此，人脑也不得不对这种层次结构的图形和由这些图形所派生出的高级层次上的关系进行处理。

在脑中，信息是由一个不低于二级层次的结构来表述的，其第一层次是外部信息的接受和转译的结果，它包含外部信息原始的层次结构以及与之相适应的神经元冲动，它使得神经元冲动与外部刺激之间有一个一一对应的关系。第二层次是在第一层次基础上建立起来的"自然编码"系统，在更高的层次上，这种自然编码系统进一步复杂化。信息在高级层次上不断地相互联系和组合，并且参与外界的信息交流，逐渐地转化为一个统一的整体，并从这个整体中产生出较原始的高级因素——概念，概念进一步升华，即会产生出像意识、情感这样的高级智能因素。在这里，概念和意识是最重要的一环，是整个思维的基础。另外，本能也是一种特殊的概念，是人类千百万年历经沧桑逐渐沉淀下来的，被记录在遗传密码中的潜在的概念。无论是什么样的概念，都是人们对事物最直接的、最表象的认识，是一种同一类的事物的集合在头脑中的映射。它来源于人们的感觉器官对外部事物的感觉和认识，这种感觉和认识积累得多了，深刻了，就形成了概念。而较高级的抽象概念都是较低级的具体概念或原始概念派生而来的。例如，像四维空间是二维、三维空间的延伸，高等数学是初等数学的延伸一样。

可以看出，思维的本质仍然是信息的交换，因而思维也一样是可以计算的。再回到人工智能的本质。正如芯片有它的基本单元，可以输出0或1的晶体管，AI的基本单元，叫作感知机。1957年，康奈尔大学的心理学家兼工程师弗朗克·罗森布拉特受到神经细胞的启发，提出了感知机的构想。神经细胞的形状包括细胞主体，外壁有很多树杈状的短突起，叫树突，还有一个长长的"尾巴"叫轴突。树突的作用是接收外部输入的各种刺激，形成生物电，这些生物电经过整合之后，一旦超过某个阈值，就会经由轴突传导，并在末端分泌神经递质，将信息传递给下一个细胞。否则，就不会向下传递信息。所以神经元细胞的输出只有两种状态，用数学表示就是"0"或者"1"。人工智能处理问题实际上也正是最大程度上从模拟人脑功能开始的。简单来说，目前的人工智能处理问题就是把获得的信息转换成二进制代码、字符串和逻辑关系，对二进制代码、字符串和逻辑关系进行逻辑运算，得到新的二进制代码、字符串的排列和新的逻辑关系式。在认识信息的过程中人脑是用输入新的层次图形、层次关系与脑中存储的"标准"的各层次中的图形进行对比，计算机则是用输入信息的代码排列图形与计算机系统中存储器内的"标准"代码的排列图形进行对比，和人脑处理问题有很大的相似性。

同样，人类的情绪也是可以计算的。情绪智力是由各种情绪能力所组成。基于大脑是生命信息系统的重要组成部分这点，情绪、情感、感情无论是在生理水平上还是在心理水平上的变化都可以传递和表征一定意义的信息，因此人们称这种信息是情绪信息。所谓情绪智力，就是加工、处理情绪或情绪信息的能力。这样人们就可以把人脑处理情绪信息的能力与电脑处理情绪信息的能力进行类比，相互借鉴、相互促进、相互提高。人脑是由几百亿个神经元组成的一个神经网络。前面的神经元输出，作为后面的神经元的输入进一步处理。不断反复，最终实现人类的智能。参照人脑输入、处理、分类、输出四个步骤，人工智能的科学家构建了复杂的深度学习框架。最近几年，伴随着摩尔定律造就的算力的迅猛提升和移动互联网海量数据的累积，人工智能取得了前所未有的突破。当前，人工智能的

反驳者基本都承认人脑的思维是信息交换，但同时提出因为人脑还没有被充分或者根本不可能被充分认识，所以人工智能的前景是悲观的。

人工智能下一个重大突破性的发展与其说是赋予机器更多的逻辑智能，倒不如说是赋予计算机更多的情绪智能。科学家对作为计算机模型的人脑及神经系统的研究越深入，就越倾向得出这样的结论，即感情并没有游离于智能而是它的一个重要组成部分。它是人们用于加工处理环境中大量信息的一种工具，在人类学习和决策中充当着重要的角色。例如，愉快的感觉则无疑会加深体验和记忆，对一个错误的决定产生不良感觉则意味着机器将集中精力放在规避未来的错误上。情绪、情感、感情通常伴随反应选择，并在正在做出的决策中起着一种偏倚性策略的作用。有研究表明，由于大脑的神经网络相互交错，根本不存在某一部分完全驱使情感而另一部分完全驱使认知的区域，即便是一个人作出了看起来不带任何情感因素的决定，实际上其大脑中掌管情感的部分也参与了作出决策的过程。过去对大脑和决策的看法是把人的思维分为"认知"和"情感"两种互不干涉的活动类型，而现在科学家们更趋向于认为所谓"认知"和"情感"是相互作用、相互重叠、相互依存的。

从科技发展的角度来看，"奇点"一定会到来。获得"永生"，无论是生理层面的意义还是精神层面的意义，是人类探索了几千年的永恒主题。[1] 人类对提高精神生活质量的追求终会超越对提高物质生活质量的追求。我们认为，个人元宇宙的开发与运用最终会实现人类对个体生命价值长期、终极的梦想，元宇宙终将改变人类个

---

[1] 参见吕鹏：《宇宙技术与人类"数字永生"》，《人民论坛》2022年第7期。

体的生命属性。人们对人类精神世界的探索不会停止；这一发展方向不会因为在当前这个敏感问题存在伦理、道德等的争议而停止。美国国家科技奖章获得者，拥有13项荣誉博士头衔，曾经获得3位总统嘉奖，被媒体誉为"托马斯·爱迪生的法定继承人"的雷·库兹韦尔在《奇点临近》一书中提出以下三个观点：摩尔定律会让技术呈指数级增长，人类会在2045年到达奇点；生理层面的人类不过是一套算法，未来必将被更高级的算法智能取代；人类到达奇点后，算法智能高度发达，人类能迅速统治整个宇宙。《奇点临近》的主要观点如图3—8所示。什么是奇点？在数学中，除法有一条戒律：除数不能为0，因为这将使函数的值无穷大。库兹韦尔把"奇点"当作一个隐喻。这个隐喻就是，当智能机器的能力跨越这一临

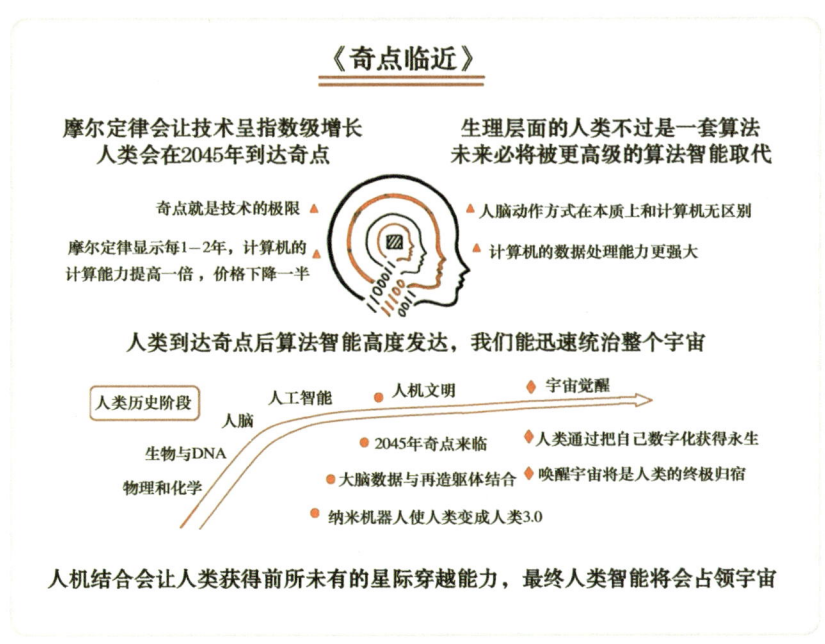

图3—8 奇点临近

来源：得到App。

界点后，人类的知识单元、联结数目、思考能力，将旋即步入加速喷发状态，一切传统的和习以为常的认识、理念、常识将不复存在，新的人机复合体将进入"苏醒"状态。人类的许多科幻都围绕着"跨越奇点"展开。"奇点"或早或晚，必将来临。

因此，在未来的元宇宙社会，个体必定会成为某种意义上的数字"永生"。通过个人元宇宙来记录生命全过程，实现个体生命的重启与重来、互动与互换、继承与叠加、编辑与定制等操作，数据与算法层面上人的"永生"终将实现。

五　科技发展，让人类文明永远传承

个人的需求，推动了社会的发展和人类文明的进步。人是生命体，渴望实现生命价值最大化。马斯洛著名的需要层次理论，认为个人的需求有五个层次：生理（食物和衣服）、安全（工作保障）、社交需要（友谊）、尊重和自我实现。需求是由低到高逐级形成并得到满足的。而"尊重和自我实现"是最高层次的需求，指人希望最大限度地发挥自身潜能，不断完善自己，完成与自己的能力相称的一切事情，实现自己的理想，实现生命的存在价值。但是，作为生命体，个人面临诸多约束。首先是时间约束。人的生命跨度，时间有限，短者几十年，长者百年。随着年龄的不断增长，人的生理机能逐渐弱化、记忆能力将越来越差，学习能力也逐渐减退，人们亦渴望能够与过世的亲人交流，与他们回忆过往，畅谈今生。其次是空间约束。人类生命体面临的最大约束、最大痛点，莫过于人们无法同时出现在两个地方。工作中的我，无法同时给父母以关怀、

第三章
个人元宇宙

给子女以陪伴。人们渴望能有个分身，可以让人们在城市打拼，忙于工作时，依然能够在遥远的地方，陪护在父母的身边。最后是对未知的探索。每个人的内心深处都在渴望摆脱世间俗物的束缚，突破物理的极限，探寻未知的世界。人类关于宇宙、世界、精神的思考，从来没有停止过。但是，受到生命体各种约束性条件的限制，无法实现。

《人类简史：从动物到上帝》的作者赫拉利，用整本书所表达的核心观点就是：人类自远古时代直到今天创造出光辉灿烂的文明，背后最深层最根本的动力，在于以想象力为驱动的认知革命。[1]元宇宙本质上就是人类共建想象力的一种载体。今天越来越成熟的数字世界，也可以让人们把自己的想象世界更高效地构建到数字世界或者数字世界与物理世界的融合体中。从某种意义上来说，元宇宙的诸多愿景，就反映了人们突破生命体时空约束的愿望。无尽的时空也是人们无尽的想象力的反映，人们希望去不断探索未知来满足对想象力的求证。人们一直试图通过创造，把自己的想象世界构建到物理世界，让更多的人可以看到和体验。作为人类想象力的载体，元宇宙为实现人类个体在时间上的"不朽"和空间上的"永存"提供了可能，让人们有机会在有限的生命长度之内，尽可能最大化地体验更多元、更丰富、更人文的生命，为人民创造美好生活，让每个人的生命价值得以最大化，从而推动社会发展和人类文明，这是元宇宙建设选择发展方向上的第一要义。

对地球资源最大的浪费，是每个人的智慧无法留存。一直以

---

[1] 参见〔以色列〕尤瓦尔·赫拉利著，林俊宏译：《人类简史：从动物到上帝》，中信出版社2014年版。

来，人们都非常关注地球上生态资源的浪费和保护。的确，生态资源的保护和利用对人类生存至关重要，这一点毋庸置疑。人类只拥有一个地球，它是整个人类及其子孙后代唯一的家园。在人类经历的漫长岁月以及可以预见的未来，地球提供的各种资源，如石油、水、土地、矿产等，是有限的，绝非取之不尽、用之不竭。因此，长期以来，人们强调善待地球，强调坚持科学发展，珍惜资源、合理利用和保护资源。碳达峰与碳中和已被纳入全球经济社会发展全局。为实现经济与生态的共生共赢，碳中和已然成为全球共识，成为各个国家与经济社会发展的顶层战略目标。碳中和对元宇宙而言也是一个巨大的机遇。很多国家和机构已经注意到元宇宙在实现碳中和过程中发挥的重要作用。中国信息通信研究院《数字碳中和》白皮书提出"数字技术能够与能源电力、工业、交通、建筑等重点碳排放领域深度融合，有效提升能源与资源的使用效率，实现生产效率与碳效率的双提升，数字化正成为我国实现碳中和的重要技术路径"。

以数字技术为代表的"数字化"和以碳中和为代表的"绿色化"，也必将在元宇宙中融合。元宇宙愿景为全球碳减排提供了巨大的潜力，同时碳中和所带来的能源支持也助力元宇宙发展，通过智能制造、数字镜像和数字孪生，在元宇宙构建起各种系统的数字版本，仿佛为地球配备了一层"数字肌肤"，能够有效监测、分析和管理碳排放。然而，地球上还有一种资源，需要人类倍加保护。对于每个人而言，人生只有一次，概莫能外。古往今来，无数智者用一生探索知识、智慧，但随着生命的消逝，而不再存在。对地球资源的最大浪费，不是对地球上的矿产资源的浪费，而是对每个人的智慧的浪费。知识可以通过书籍留存，通过教育流传，通过印刷推广；个人的智慧如何留存、流传、推广？未来的元宇宙愿景，为保存人类个体的智慧提供了可能。随着人工智能、大数据、纳米技术、传感网、脑科学等新理论、新技术的融合，个体智慧必将可以像地球上任何不可再生的能源一样，得到充分的保护和利用。

科技发展，为人类文明永远传承提供可能。人类未来可能面临生存危机，像电影《流浪地球》中人类所遇到的气候灾难，或者生化危机、病毒攻击等，绝不是危言耸听。对于人类灾难，刘慈欣在接受采访时曾说："对于人类的前途，我是一个乐观主义者，这个乐观本身也是带着理性色彩的，并不是很盲目的乐观。从我自己来说，我认为只要科学技术在不断地发展，人类就会有一个比较光明的未来。能够把人类的种族延续下来，拯救人类的唯一的力量就是科学技术，不会是别的，可以强调人类的集体主义和献身精神，以及勇敢的品质，但这些如果离开了科学技术的发展是没有用的，这些不用我说，都是常识。"[1]我们坚信，未来，通过科技的不断进步，人类哪怕是保留一块硬盘，都有可能让人类文明在全球灾变或星际旅行中存活下来。只有科技的发展，才能让人类文明永远传承。

六　建设个人元宇宙所面临的挑战

数字身份的挑战。[2]化身是人们在虚拟世界中的数字代表。用

---

[1] 刘慈欣:《大灾难中，拯救人类的唯一力量就是科学技术》，新浪新闻，https://news.sina.com.cn/o/2019-02-12/doc-ihqfskcp4507397.shtml.

[2] Lee, L. H., Braud, T., Zhou, P., Wang, L., Xu, D., Lin, Z., ... & Hui, P. (2021). All one needs to know about metaverse: A complete survey on technological singularity, virtual ecosystem, and research agenda. arXiv preprint arXiv:2110.05352.

户将依靠化身在虚拟环境中存在并表达自己。现有技术已经可以捕捉人们的外貌特征并自动生成头像，但具有移动传感器的头戴设备仍然无法在虚拟世界中实时控制并调动人们的头像。对于化身的微表情和非语言的表达依然是个不小的挑战。此外，用户如何感知身体"交替"于现实世界和虚拟世界的感官影响？人们的数字化身如何与极其多样化的智能设备（如物联网、智能车辆、机器人）进行交互？

同时，化身的伦理设计及其在虚拟空间中的相应行为和表现将是一个极其复杂的问题。元宇宙中的化身设计是否会引发冒犯性信息（如种族问题）？并引发辩论促使人们对其身份提出新的看法？人们在元宇宙中给自己创造了一个新的身份、新的化身，这必将引发一场辩论，并引发人类对未来生活的新思考。因为，虚拟世界中人类的数字克隆将会永远存在。即使现实中的肉体消失，数字世界中的你仍将继续生活在元宇宙中，而且保留着你在现实世界中的个性、行为逻辑甚至记忆。如果是这种情况，虚拟世界化身会带来数字自我的技术和设计问题以及相应的伦理问题。长存的分身能否继续履行人权和义务？他可以继承我的财产吗？他还是现实世界中孩子的父亲和妻子的丈夫吗？

内容创作的挑战。首先，内容创作不应该仅限于专业设计师，而是虚拟世界里，甚至是现实世界里的每个人都应该有的权利。而且，创作和使用的门槛越低、越亲民越好。这是人类建设元宇宙的初心。所以，有必要考虑各种协同设计过程，例如，参与式设计，鼓励元宇宙中所有人共同参与数字世界创建。调查大家参与元宇宙内容创作的动机并制定相应的激励措施很重要，只有让每个人参与

第三章 个人元宇宙

进来，才能使这种参与式设计大大推动元宇宙中内容创建的进展。

当前内容创造面临的最大挑战是对虚拟内容创作的审查治理的相关制度。元宇宙强调自动和去中心化治理，但是，这种设计是理想化的，在现实世界如何实施？因为虚拟最终离不开现实。此外，应该建立怎样的创造者文化？如何保证元宇宙中文化的多样性？如何遗忘淘汰的内容？如何处理数字内容遗产？所有这些问题的答案在当前都是未知的。

虚拟经济的挑战。当谈到元宇宙的货币时，加密货币在多大程度上可以被社会公众所信任，用作货币，以及如何为虚拟世界进行量身定制，以满足在虚拟世界的创新需求等，存在着不确定性。此外，由于虚拟世界的用户也必定是现实世界的居民，虚拟和现实两个世界的所谓孪生经济将不可避免地交织在一起，它们不仅不应被视为两个相互排斥的实体，反而因当被视为两个相辅相成、互相促进的经济实体。因此，在审视虚拟经济对元宇宙生态系统的真正意义时，应将现实经济和虚拟经济看作一个整体的视角，因此需要整体考虑的非常多。大致可以从个体经济行为和总体经济行为两个角度考虑。比如，现实世界的个体在现实世界的消费行为及其个人代理（Avartar等）与其在虚拟世界的消费行为会相互影响；两个世界中的总体经济活动也必将相互影响。此外，与现实世界相比，虚拟世界有一个非常大的优势，就是现实世界在虚拟世界高度相似的镜像甚至可能被用作一个虚拟的评估沙箱，人们在现实生活中实施某项重大的经济政策之前，可以先在镜像世界进行测试，正如人们在镜像世界中对空气污染可以进行模拟一样。因此，为了利用这些优点，人们需要一种转换机制，以最佳方式设置计算机的虚拟评估

沙箱，对现实经济主体进行代理，充分模拟其行为动机，以正确模拟现实世界将发生的经济行为和结果。这必将是一个巨大的挑战。

　　社会接受度的挑战。其代表了公众对元宇宙应用相关的活动和政策的集体判断和意见。当前，对元宇宙愿景和应用的集体判断，既有正面的，也有负面的。社会可接受性的主要决定因素，如对个人隐私的威胁、是否公平、是否会让人上瘾等，将可能决定元宇宙应用是否可以持续。此外，由于元宇宙会同时影响现实世界和虚拟世界，因此应该在这两个世界中同时加强相关使用规则的制定，而且这两个世界的规则要互为补充、互相呼应。我们预测，虚拟世界解决不了的问题，最终需要在现实世界解决。

　　一方面，假设现有的社会可接受性因素可以完全移植应用于元宇宙，但另一方面，将这些因素的方方面面手动匹配到巨大的元宇宙网络空间将是非常乏味的，逐案检查这些因素也很乏味，通常也负担不起。因此，规则和规范的自动采用，以及随后对其进行社会可接受性评估，以理解集体意见，将依赖于元宇宙中的许多自主代理来进行。那么，如何以及由谁在虚拟世界中大规模设计此类代理？由某些公司来推动实施可靠、可控吗？这不仅是一个紧迫的问题，也是一个必须回答的问题。更重要的是，随着元宇宙逐步融入人们生活的方方面面，每个人都将受到这个新兴网络空间的影响。如何设计打击网络犯罪和举报滥用行为的策略和技术，这对于提高这个巨大网络空间的社会接受度至关重要。

　　安全和隐私的挑战。通过个人元宇宙进入高度数字化的物理世界，在用户访问虚拟世界中的某些应用程序和服务以及通过XR作为介导访问物联网和与个人密切相关的虚拟物品时需要经常验证他们的身份。保护个人的数字资产也必将是大规模保护元宇宙文明的关键。在这种情况下，为访问元宇宙应用程序而频繁地询问文本密码，从而进行身份验证，将会对访问无以计数的个人虚拟物品造成巨大障碍。因此，元宇宙开发者必须考虑使用新的机制来代替现有的模式进行应用程序的身份验证。例如，可以开发通过肌肉运动、身体姿势、眼睛注视等驱动的生物特征验证身份。只有这样，人们才能在保证个人信息安全和隐私的条件上，展开在元宇宙中的数字旅程。人们可以在不同的元宇宙应用环境中进行无缝身份验证——就像在物理世界打开一扇门一样方便。然而，这样的认证系统仍然需要在多个维度上进行改进，尤其是安全级别、检测精度和速度，以及设备的可接受性。

另一方面，无数的用户活动记录和用户交互痕迹将保留在个人元宇宙中。因此，长期积累的记录和数字痕迹会增加隐私泄露的风险。当前，在二维界面中访问每个网站，需要用户签订授权同意书的做法，会让用户不知所措。因此，在特别强调用户体验的虚拟3D世界，用户将负担不起如此频繁且反复出现的同意书。因此，有必要通过设计保护隐私的AI方法来自动识别用户隐私偏好，以便适应在元宇宙中动态而多样化的上下文。在个人元宇宙中，人们的数字资产（如头像和数字孪生）的创建和管理也可能面临巨大挑战，必须保护人们的个人数据免受创建个人数字副本所造成的危害。

第四章

AI 是元宇宙建设的核心动力

CHAPTER 4

第四章
AI 是元宇宙建设的核心动力

 一 不仅可以模仿，而且可以创造

许多人认为，人的想象力和创造力是 AI 无法取代的。这个说法是错误的。

AI 不仅可以模仿，而且可以创造。AI 能够代替人类做哪些工作？这就像攀登一座山峰，如图 4—1 所示。山底，是制造业。今天，没有人怀疑，各类 AI 驱动下的机器已经接管了很多这方面的工作；山腰，是教育、医疗等偏服务性的行业。这些工作，大部分 AI 也可接手。比如，智能医疗，在有些疾病的诊断上，AI 甚至能做得比一般医生还要好；山峰，是绘画、音乐、编剧之类的创作型职业。如今，这些山峰的工作人类也守不住了。人们现在刷的视频，可能是 AI 推送的；很多视频里的配音，可能是 AI 处理后的；人们买的东西，可能是 AI 推荐的；人们的电脑显卡或手机 GPU，可能是 AI 加速的；张学友演唱会逮捕逃犯，是 AI 识别的，就连电视节点的 BGM（Background music），都可能是 AI 谱曲的，等等。2016 年 6 月，《下一个伦勃朗》（The Next Rembrandt）向媒体和爱好者揭幕。这幅画在阿姆斯特丹展出，当天，推特上就有超过 1000 万条评论。大部分人都认为，这幅画看起来是一幅 17 世纪的肖像，而且很像伦勃朗的风格。这个项目其实就叫作"复活伦勃朗"，这幅画由 AI 创造，如图 4—2 所示。一位研究伦勃朗的专家鉴定了这幅画，他说画的笔法是伦勃朗在 1652 年运用的。专家也只能在"某一年笔法的特点"这个精度上，才能看出这幅画的破绽。"复活伦

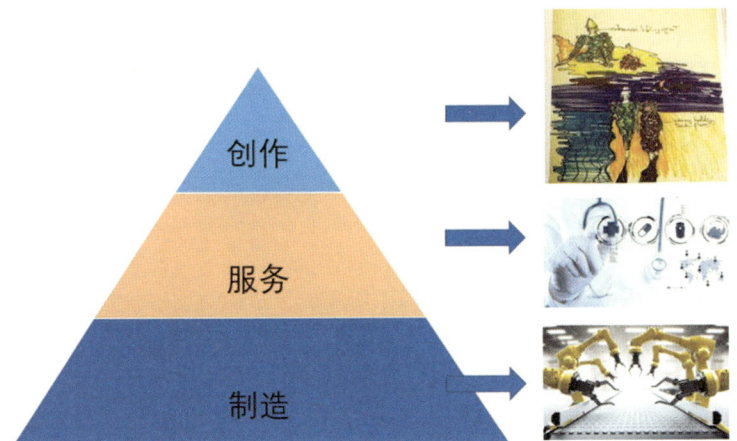

图4—1 AI能够代替人类做的工作犹如攀登一座山峰

图4—2 《下一个伦勃朗》

来源：https://thenextrembrandt.pr.co/125449-can-technology-and-data-bring-back-to-life-one-of-the-greatest-painters-of-all-time.

勃朗"项目旨在推动关于艺术与算法之间、数据与人类设计之间以及技术与情感之间关系的对话。

艺术与技术之间的界限已经越来越模糊。理论上说，只要数据足够，任何画家的创作都可以用AI来"复活"。而且不只画家，音乐家也一样。曾经有学者开发了一个叫"深度巴赫"的算法，可以写出巴赫的圣咏。[①]圣咏是一种宗教音乐，就算是专业听众，也有将近一半的人分辨不出来，以为AI写的就是巴赫的原作。当然了，就算AI能模仿伦勃朗、模仿巴赫，也不能说这就是真正意义上的创作。

那AI能够不靠模仿，独立创作吗？答案依然是可以。2018年，佳士得拍卖行曾经拍卖了一幅肖像画，如图4—3所示。画中的主角叫埃德蒙·贝拉米（Edmond de Belamy），他穿着清教徒式的黑色衣服，被巨大的阴影包裹着，脸很模糊，给人一种不安定的感觉。整幅画没有焦点，完全是抽象派的风格。这幅画有什么值得注意的特点吗？其实，Edmond de Belamy完全是一幅由深度学习算法生成对抗网络（GAN）生成的肖像画。这幅画，没有模仿任何人类画家，完全由AI原创，画中的贝拉米也是AI虚构的。画的右下角还有一个签名，写的不是艺术家的名字，而是一个数学方程式。虽然艺术评论圈对这种AI创作的作品还是保持谨慎、怀疑的态度，但是市场已经先走一步，这幅画在佳士得拍卖行以43.2万美元成交。这说明，艺术界不仅仅在关注这种全新的艺术，而且已经开始接受这种全新的艺术了。

[①] Hadjeres G, Pachet F, Nielsen F. Deepbach: a Steerable Model for Bach chorales generation// International Conference on machine learning. PMLR, 2017:1362-1371.

图4—3 埃德蒙·贝拉米

来源：Is artificial intelligence set to become art's next medium：https://www.christies.com/features/a-collaboration-between-two-artists-one-human-one-a-machine-9332-1.aspx.

技术的突破可能先于理论，人工智能尤其如此。技术的突破不一定依赖于理论，甚至可能先于理论。人类创造不是无法可循，只不过背后的机制太复杂，人们还观察不到而已，但是，人工智能领域有一种思维方法，叫"黑盒子法"，即一种算法背后的逻辑，人们并不十分清楚，但是依据可以控制的过程，科学家能够得到想要的结果。那为什么能够得到这种结果，科学家却并不能够完全给出合理的解释？这是当前人工智能领域所面临的一

第四章
AI 是元宇宙建设的核心动力

个巨大挑战和研究领域，即可解释的人工智能。对于人类创作亦是如此，借助人工智能，人们可以模仿创造的过程，得到创作的结果。通过理解算法的运作机制，也会让人类对自己的创造力有更深的认识。例如，上文提到的生成对抗网络（GAN），是2014年由伊恩·古德费罗（Ian Goodfellow）等学者首创的一种深度学习方法。[①] 如果之前的AI主要功能是判断和决策，GAN网络的突破之处在于赋予AI比较强的创作能力。GAN需要两个智能体，既判别网络（Detective）和生成网络（Generator）进行实时对抗。先让生成网络生成一幅初始图片，类似通过数据捏脸，然后用带标记的真图（Real Data）和假图（Forger）去训练判别网络，让其学习如何画图，从而能把真正的图片和假图片分辨出来。之后，生成网络再根据判别网络给出的结果差距学习提升。这样，其生成的图片就越来越接近真实图片了。于是判别网络的判断准确率下降，就会去提升判别能力。然后又可以逼迫网络生成更逼真的假图片。如此往复。直到判别网络的成功率仅有50%。这时生成网络"以假乱真"。整个过程如图4—4所示。人们甚至可以通过调节生成网络的输入参数，对赝品画进行细节或者网络的修改，或者把普通马变成斑马，或者把读者的照片变成凡·高或莫奈的风格。AI的创作能力不仅限于画图，写作、写诗、写剧本、作曲、做动画都可以。

---

① Goodfellow I, Pouget-Abadie J, Mirza M, et al. Generative adversarial nets. *Advances in neural information processing systems*, 2014, 27.

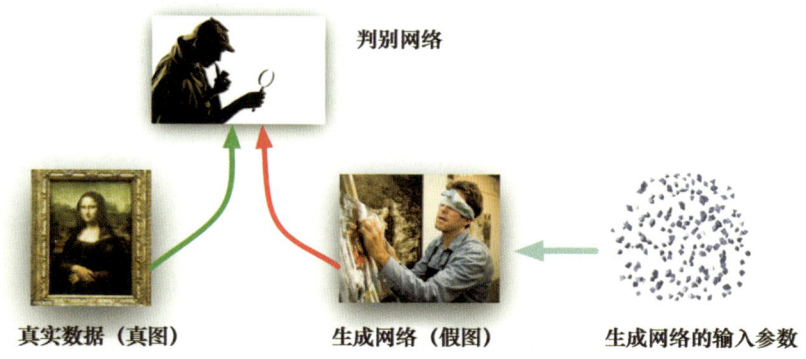

图4—4 对抗生成网络（GAN）示意图

来源：Dev Nag. Generative Adversarial Networks (GANs). 2017. https://medium.com/@devnag/generative-adversarial-networks-gans-in-50-lines-of-code-pytorch-e81b79659e3f.

  人工智能正在由专用人工智能向通用人工智能方向发展。所谓专用人工智能，通俗地说，就是只能干一件事或两件事的人工智能；相对的，所谓通用人工智能①，是指什么事都能干的人工智能。举例来说，李世石是一位棋手，DeepMind的AlphaGo是一个围棋程序。如果把李世石看成一个智能系统的话，他就是通用智能系统。因为他除了下棋，还能做许多其他事情，比如，他会泡面、会开车，在和AlphaGo下完棋以后，他还能够接受媒体采访、谈谈自己的感受。但是，AlphaGo肯定不会开车，更不能在和李世石下完棋以后和媒体交流自己的所思所想。由此可见专用人工智能的巨大局限。当前人们看到的所有的人工智能都是专用的，它们的制作思路都是按照专用人工智能的思路做出来的，如人脸识别和语音识别。2016年3月，AlphaGo击败李世石，就像神话故事当中的水晶球，只要把现在的棋谱告诉它、训练它，它就能够在内部算法的计

---

① 更详细的定义和说明见本章第7节。

第四章
AI 是元宇宙建设的核心动力

算下,输出必然赢得比赛的落子策略。AlphaGo之后的短短几年,AI扩展到了人们生活的方方面面。但是,AlphaGo依然是专用人工智能。除了下围棋,它什么也不会。AlphaGo Zero是AlphaGo的一个新版本。AlphaGo的团队于2017年10月在《自然》杂志上发表了一篇文章,介绍了AlphaGo Zero,这是一个不使用人类棋谱数据创建的版本,并且比之前的任何版本都更强大。[1] AlphaGo Zero通过与自己的对局,在3天内以100比0的比分超越了AlphaGo,并在40天内超过了所有旧版本。在没有来自人类专家数据集的情况下训练人工智能对开发具有超级技能的人工智能具有重要意义,因为专家数据通常很昂贵、不可靠或根本无法获得。DeepMind联合创始人兼首席执行官戴密斯·哈萨比斯表示,AlphaGo Zero之所以如此强大,是因为它"不再受人类知识的限制"[2],通过消除向人类学习的需要,它未来有可能拥有通用的AI算法。谷歌后来还开发了AlphaZero,这是在AlphaGo Zero基础上的通用版本,除了围棋之外,它还可以下国际象棋和将棋。从AlphaGo再到AlphaGo Zero到AlphaZero,AI正在从专用向通用逐渐进化。

总之,现在人们需要重新分析AI的能力到底如何。过去,人们可以用它帮助做判断、做决策,现在,可以用它帮助进行创作。未来呢?这难道不正是元宇宙所需要的吗?

---

[1] Silver D, Schrittwieser J, Simonyan K, et al. Mastering the game of go without human knowledge. nature, 2017, 550(7676): 354–359.

[2] Knapton, S. (2017). AlphaGo Zero: Google DeepMind supercomputer learns 3000 years of human knowledge in 40 days. The Telegraph.

二　AI之于虚拟现实

虚拟现实技术（Virtual Reality，VR）产生于20世纪60年代，最早源于美国军方的作战模拟系统。虚拟现实这一名词是由美国VPL公司创建人拉尼尔在20世纪80年代初提出的，虚拟现实中的"现实"泛指在物理意义上或功能意义上存在于世界上的任何事物或环境，它可以是实际上可实现的，也可以是实际上难以实现的或根本无法实现的。而"虚拟"是指用计算机生成的意思。因此，虚拟现实是指用计算机生成的一种特殊环境，人可以通过使用各种特殊装置"进入"这个环境中，操作、控制环境，实现特殊目的，也即人是这种环境的主宰。

VR主要有三方面的含义：第一，虚拟现实是借助计算机生成逼真的实体，"实体"是相对于人的感觉（视、听、触、嗅）而言的。第二，用户可以通过人的自然技能与这个环境交互，自然技能是指人的头部转动、眼动、手势等其他人体的动作。第三，虚拟现实往往要借助一些三维设备和传感设备来完成交互操作。虚拟现实技术是一项综合集成技术，涉及计算机图形学、多媒体技术、传感器技术、人工智能、网络技术、模式识别、人机工程、电子学、数学、力学、声学、光学、机械和生理学等自然学科和技术学科，它用计算机生成逼真的三维视觉、听觉、嗅觉等感觉，使人作为参与者通过适当装置，通过视觉、听觉和触觉等多种感觉通道自然地对虚拟世界进行体验和交互。虚拟现实的原理如图4—5所示。

第四章
AI 是元宇宙建设的核心动力

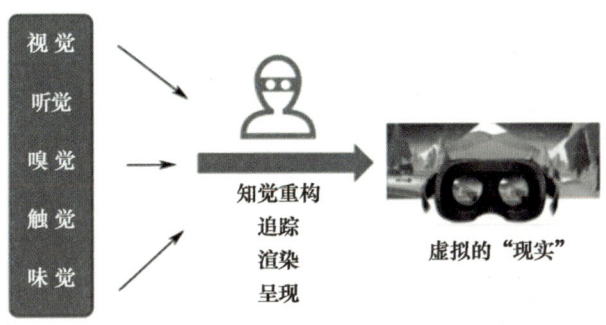

图 4—5　虚拟现实的原理

来源：庞国锋、沈旭昆、马明琮、孙靖：《虚拟现实的 10 堂课》，电子工业出版社 2017 年版，第 13 页。

在 VR 技术发展的过程中，在中国科技史上有一段佳话，即钱学森对虚拟现实和人工智能的前瞻性判断。梳理这段佳话，既可以让我们了解钱学森对虚拟现实和人工智能的看法，也可以感知钱学森对科技发展的深切期待。

尽管 VR 技术如今已为世人所熟知，但早在 30 年前，中国航天事业奠基人、人民科学家钱学森就赋予 VR 一个充满"中国风"的翻译名"灵境"。①在钱学森关注的众多英文概念中，他对"virtual reality"的译名情有独钟。钱学森刚接触到这个概念时，他就敏锐地感觉到，这是一个极具历史意义的重大科技发展方向。从 1990 年 11 月 27 日（如图 4—6 所示）至 1998 年 6 月 18 日（如图 4—7 所示），在钱学森与汪成为、戴汝为和钱学敏②的书信中，多封都谈

---

① 参见张晖：《从钱学森对 VR 的译名看科技译名的"中国味"》，《中国科技翻译》2020 年第 1 期。

② 汪成为和戴汝为两人都是我国"863"计划智能计算机系统专家组的成员。其中，汪成为是"智能计算机系统"专家组的组长；汪成为和戴汝为不仅是计算机和人工智能领域的专家，而且还是钱学森的弟子及晚年学术上的合作伙伴，针对我国的智能计算机的研发前景，两人都与钱学森有比较频繁、密切的交流。

到他对"virtual reality"——"灵境"以及VR和人工智能结合的看法。当30多年后,这些钱学森的手稿"现身",人们既惊讶于他对科学技术的前瞻性判断,又感慨这些书信内容对当前人们探析未来科技发展对人类的影响启示深远。

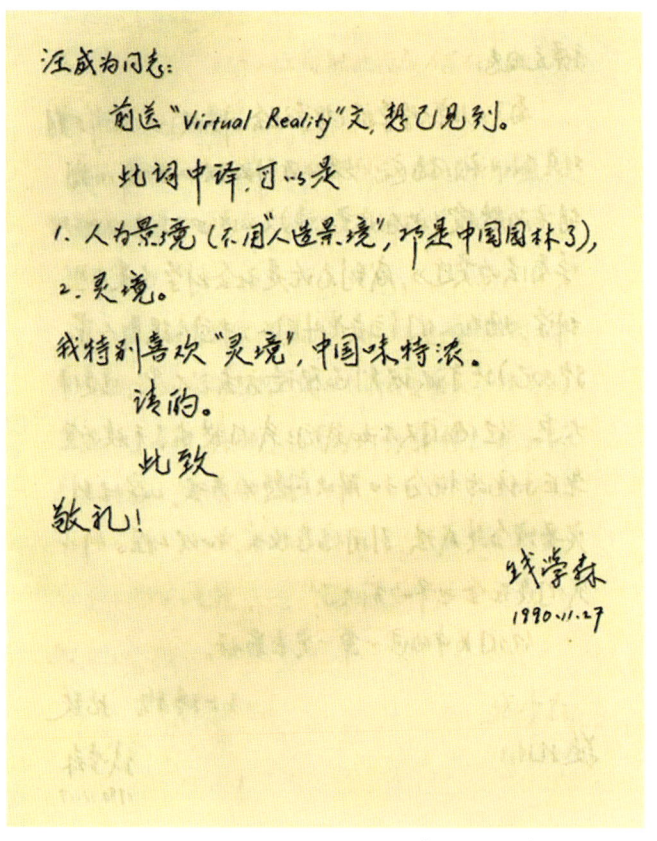

图4—6　1990年11月27日《致汪成为》

来源:新浪科技。

在1998年6月18日《用"灵镜"是实事求是的》的信中,钱学森写道:"virtual reality是指用科学技术手段向接受的人输送视觉的、听觉的、触觉的,以至嗅觉的信息,使接受者感到如亲身临境。这里要特别指出:这临境感不是真的亲临其境,而是感受而

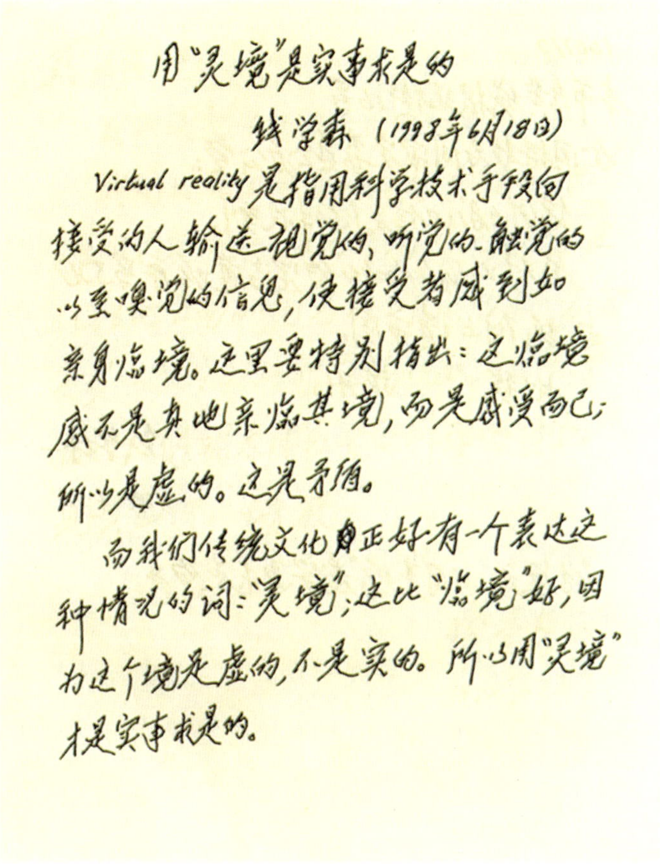

第四章
AI 是元宇宙建设的核心动力

图4—7 《用"灵镜"是实事求是的》

来源：新浪科技。

已；所以是虚的。这是矛盾。而我们传统文化正好有一个表达这种情况的词：'灵境'；这比'临境'好，因为这个境是虚的，不是实的。所以用'灵境'才是实事求是的。"

在钱学森思考虚拟现实和人工智能相结合未来可能的发展方向和挑战时，他有着与当前人们一样的期待。钱学森的人工智能思想可以用八个字来表达，即"人机结合，以人为主"。他认为，只有让人与机器结合成具有更高效率的"智能体系"，才是未来人工智

能唯一正确的发展方向。①钱学森大力主张中国开展人工智能研究，但是他并不希望放弃人类的主导地位以及人类思维、智慧的进化空间。在钱学森的设想中，"人机结合"的发展是由浅层次走向深层次的。从人在电脑的辅助下学习、工作的"浅层次、合作性"结合，最终发展到"深层次、进化性"结合。而"灵境"技术的发展将使人与计算机的"深度结合"在将来成为可能。钱学森重视"灵境"技术的一个主要方面在于，"灵境"可以用来扩展人脑的感知，使人机结合达到全新的高度。在1993年给汪成为的信件中，钱学森写道："我对灵境技术及多媒体的兴趣在于它能大大扩展人脑的知觉，因而使人进入前所未有的新天地，新的历史时代要开始了！"（如图4—8所示）

几天后给戴汝为的信件中钱学森写道："多媒体技术、灵境技术也对思维科学提出了研究课题：人脑思维会有什么新发展？该怎样培训人，使他能充分利用多媒体技术和灵境技术。这也是'新纪元'的挑战。"（如图4—9所示）

1994年10月，钱学森在给戴汝为、汪成为、钱学敏三人的信中写道："灵境技术是继计算机技术革命之后的又一项技术革命。它将引发一系列震撼全世界的变革，一定是人类历史中的大事。"（如图4—10所示）在信中，他亲手绘制了一张引导图阐释"灵境"技术引起的社会革命（如图4—11所示）。这张图说明，"灵境"技术的广泛应用可能会引发人类社会全方位的变革。由此可见钱学森对虚拟现实技术对人类未来发展重大影响的期待。同时也让我们惊

---

① 参见贺涵甫、李月白、李厚锐：《30年前，钱学森已为VR取中文名"灵境"并概述人机交互本质》，广州日报大洋网，https://news.dayoo.com/gzrbyc/202112/01/158752_54129109.htm。

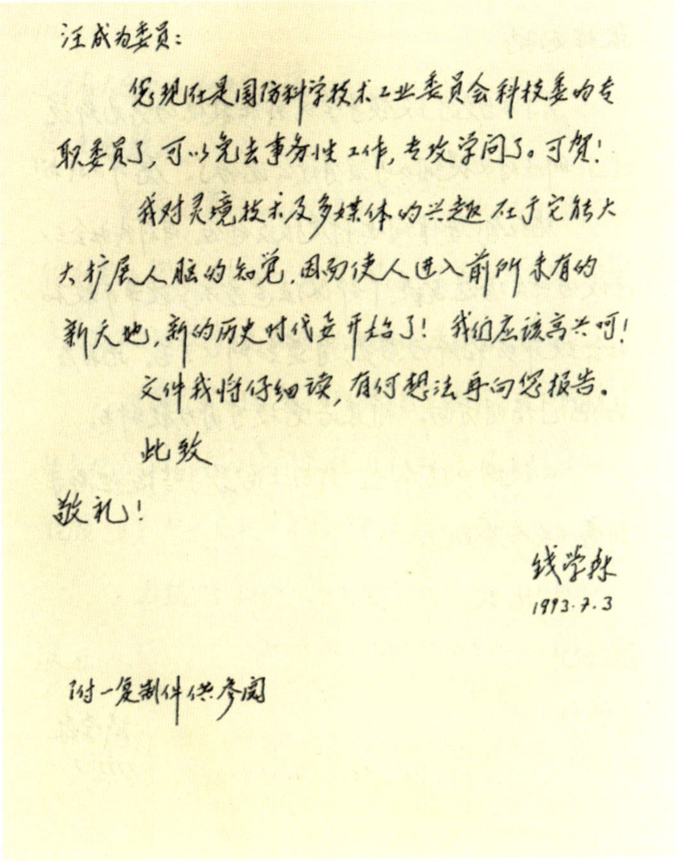

第四章
AI 是元宇宙建设的核心动力

图4—8　1993年7月3日《致汪成为》

来源：广州日报大洋网。

叹他对科学技术的前瞻性判断。

　　钱学森不排斥人机融合。钱学森从一开始了解到虚拟现实技术，便想到将其应用于人机结合和人脑开发的层面上。他认为，"灵境"技术的产生和发展将扩展人脑的感知和人机结合的体验，使人与计算机的结合进入深度结合的时代。与此同时，钱学森也想到了人机深层次结合后对人类自身的改变。1993年8月，钱学森在给戴汝为的信中写道，《科学美国人》杂志上提出了一个人机结

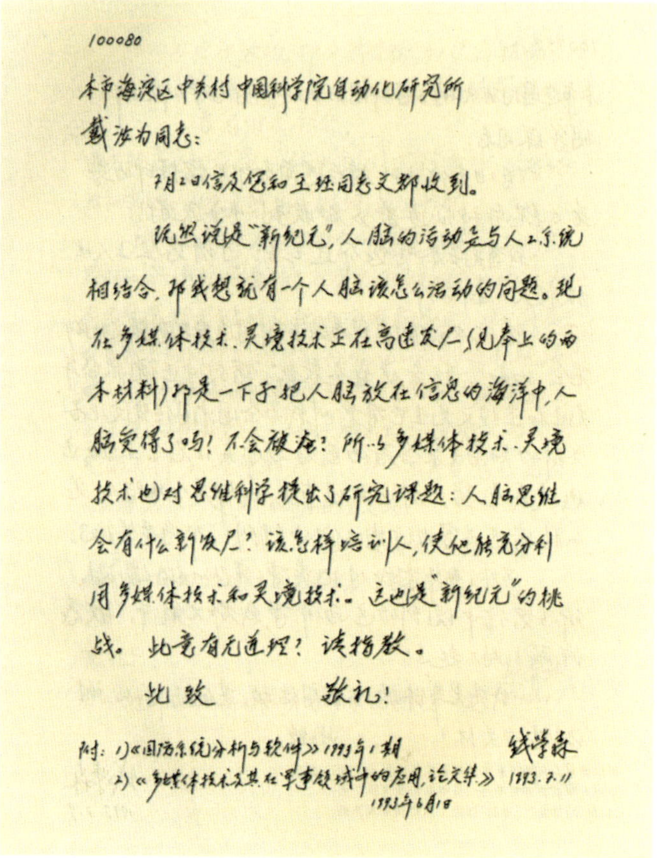

100080

本市海淀区中关村 中国科学院自动化研究所

戴汝为同志：

7月2日信及您和王珏同志文都收到。

既然说是"新纪元"，人脑的活动要与人工系统相结合，那我想就有一个人脑该怎么活动的问题。现在多媒体技术、灵境技术正在高速发展（见奉上的两本材料），那是一下子把人脑放在信息的海洋中，人脑受得了吗？不会破产？所以多媒体技术、灵境技术也对思维科学提出了研究课题：人脑思维会有什么新发展？该怎样培训人，使他能充分利用多媒体技术和灵境技术。这也是"新纪元"的挑战。此意有无道理？请指教。

此致

敬礼！

钱学森

1993.7.11

附：1）《国防系统分析与软件》1993年1期

2）《多媒体技术及其在军事领域中的应用论文集》1993年6月1日

图4—9　1993年7月11日《致戴汝为》

来源：广州日报大洋网。

合的动向，即直接把机器和人体、人脑结合起来，这一报道值得注意，要跟踪下去。这说明钱学森对人机直接嵌入式结合也表现出了一定的兴趣。1995年12月，钱学森致汪成为的信件中提到，1995年11月11日英国《新科学家》上有两篇文章："说的都是用科学技术来直接同人体融合，改造人。这一可能性我们也应研究。"可见在人机深度融合和改造人的问题上，钱学森的接受度很高，思想比较开放。1996年钱学森在给汪成为的信中写道："我提的'大成智

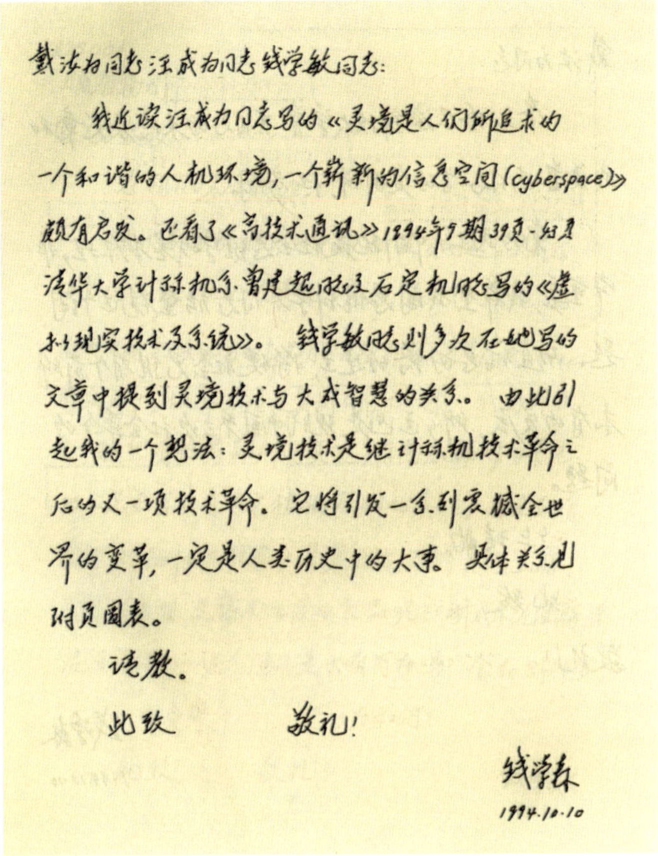

戴汝为同志 汪成为同志 钱学敏同志：

我近读汪成为同志写的《灵境是人们所追求的一个和谐的人机环境，一个崭新的信息空间(cyberspace)》颇有启发。还看了《高技术通讯》1994年9期39页-43页清华大学计算机系曾建超、陈达石、定机同志写的《虚拟现实技术及系统》。钱学敏同志则多次在她写的文章中提到灵境技术与大成智慧的关系。由此引起我的一个想法：灵境技术是继计算机技术革命之后的又一项技术革命。它将引发一系列震撼全世界的变革，一定是人类历史中的大事。具体关系见附页图表。

请教。

此致

敬礼！

钱学森

1994.10.10

图4—10 1994年10月10日《致汪成为、戴汝为、钱学敏》

来源：广州日报大洋网。

慧’只是人机结合的初级阶段，因为人机还没有真正合一，只是结合互补而已。这会持续到21世纪中叶。而从灵境系统开始的这种结合则是融合，是把人‘神化’了，成为‘超人’！‘超人’的感受可以大到宇宙、小到微观，成‘仙’了！这真是人类历史的一次大革命，就如人类有了语言、文字！这将是21世纪后半叶的事。”这就是钱学森人机结合最终的设想——人机融合，人在机器的帮助下变成“超人”。可见，虽然钱学森从来没有直接提出最终要让人脑、

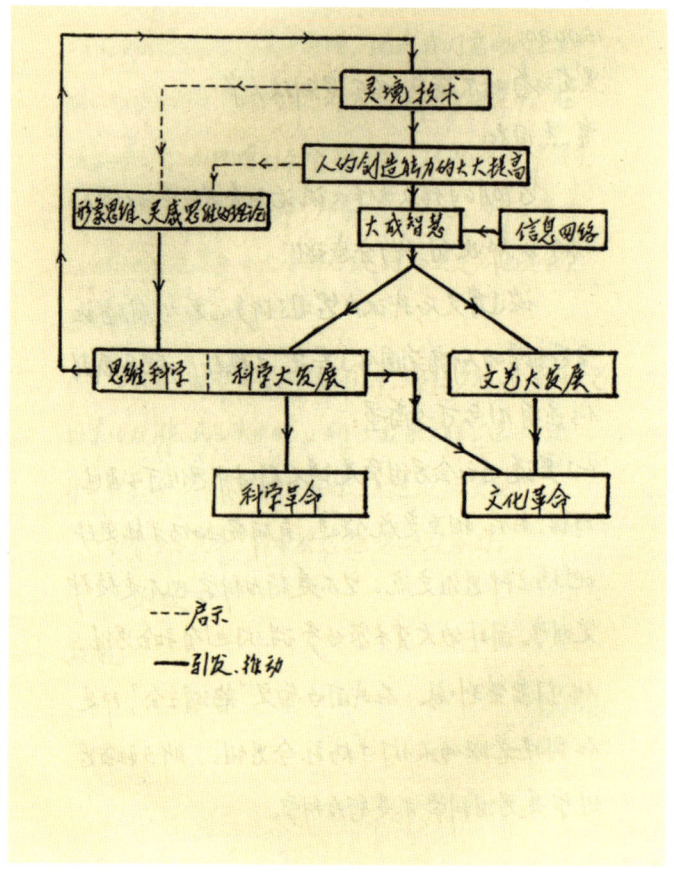

图4—11 钱学森绘制引导图阐释灵境技术

来源：广州日报大洋网。

人体和计算机实现嵌入式结合，但他本人并不排斥这种观点。值得注意的是，钱学森预测的"超人"出现的时间，与库兹韦尔预测的"超级人工智能"出现的时间，基本一致。这不得不说：英雄所见略同！

虚拟现实技术从20世纪80年代概念提出到如今的40多年时间里，又有了许多新的变化。在虚拟现实的基础上，又出现了增强现实和混合现实的概念。其中，增强现实技术（Augmented

Reality，AR）是将计算机生成的虚拟信息合成到用户感知的真实世界中的一种技术，利用实时计算摄影机影像位置及角度，通过全息投影，在镜片的显示屏幕中将虚拟世界与现实世界叠加，实现对真实世界的增加和强化。混合现实技术（Mixed Reality，MR）是指结合真实和虚拟世界创造新的环境和可视化三维世界，物理实体和数字对象共存并实时相互作用，是虚拟现实技术的进一步发展。从概念来看，AR和MR并没有明显的分界线，都是将虚拟的景物放入现实的场景中。在AR的视界中，出现的虚拟场景通常都是一些二维平面信息，这些信息甚至可能和我们目前看到的事物无关，功能只是在不影响我们正常视线的情况下起到提示的作用，所以这些信息会固定在那里，无论我们看哪个方向，该信息都会显示在视野中这个固定的位置上。而MR则是将虚拟场景和现实融合在一起，只有我们看向那个方向的时候，才会看到这些虚拟场景，看向其他方向时就会有其他的信息显示出来，而且这些信息和背景的融合性更强。简单来说，虚拟信息如果跟随视线移动就是AR，如果相对于真实物品固定的就是MR。尽管VR、AR、MR都涉及虚拟成像，但三者还是存在一些本质上的区别。

一是表现特征和侧重点不同。VR以想象为特征，通过创造与用户交互的虚拟世界场景，把人从精神上送到一个虚拟世界，重在"以假乱真"。AR以虚实结合为特征，将虚拟物体、信息和真实世界叠加，实现对现实的增强，从而在现实世界里更好地导航，重在"亦真亦假"。MR则是以虚拟物体和真实物体交互为特征，共存现实和虚拟世界融合而产生新的可视化环境，重在"真假不分"。二是与现实世界的关系不同。VR通过产生虚拟影像，将人眼与真实世界遮断。相比虚拟现实，AR通过叠加虚拟的影像，与真实世界的联系并未切断。MR使物理和数字对象共存于新的可视化环境，并实时互动，使交互方式更加自然。三是技术实现方式不同。VR的视觉呈现方式是阻断人眼与现实世界的连接，通过设备实时渲染的画面，营造出一个全新的世界。AR的视觉呈现方式是在人眼与现实世界连接的情况下，叠加全息影像，加强其视觉呈现的方式。MR是虚拟现实技术的进一步发展，该技术在虚拟世界、现实世界和用户之间搭起一个交互反馈的信息回路，以增强用户体验的真实感。

虚拟现实应用涉及物理对象数字化的广泛应用。每年，进入大众视野的虚拟现实智能设备都在不断增加，如更强大的传感器、更长寿命的电池、更复杂更多样化的触觉设备、更高分辨率的屏幕、更清晰的摄像头等，还有智能手表、智能耳机、智能眼镜等。所有这些进步都增强并扩展了用户在元宇宙应用中的沉浸感。以苹果的Animoji为例，这项应用通过相机响应用户的面部表情，来制作相应的3D动画的表情。它们既需要强大的面部跟踪摄像头、传感器硬件和CPU/GPU，也更加依赖于功能强大、复杂的AI软件。较新的iPhone手机现在可以通过红外传感器跟踪用户脸上的大约3万个点，还可以利用Live Link Face应用程序连接到Epic Games的虚幻引擎(Unreal Engine)，从而使任何用户都可以创建（和流式传输）基于虚幻引擎的实时的高保真的化身。当前，Epic已经在使用这项功能将Fortnite玩家的面部表情实时映射到他们的游戏角色上。与此同时，苹果的Object Capture增强现实工具使用户能够在几分钟内依据标准iPhone上的照片创建出高保真虚拟3D对

第四章
AI 是元宇宙建设的核心动力

象。然后可以将这些对象移植到其他虚拟环境中,或者叠加到真实环境中,用于艺术、设计和其他 AR 体验。许多新的智能手机都配备了每秒发射 5 亿个雷达脉冲的新型超宽带芯片(ultra-wideband chips)和处理返回信息的接收器。这使智能手机能够创建广泛的雷达地图,涵盖从用户的家、办公室到正在走的街道的所有事物,并将用户本人置于这些地图中。相对于其他本地设备,这种设备可以小至几厘米。这意味着当人们从办公室回到家时,家门可以自动为你打开。头戴式 XR 设备是技术进步的另一个很好的例子。第一代 Oculus(2016 年)的分辨率为 1080×1200,而 2020 年发布的 Oculus Quest 2 的分辨率提升为 1832×1920(大约相当于 4K)。Oculus 的创始人之一帕尔默·洛基认为,VR 需要 8K 以上的分辨率才能满足用户体验而成为主流设备。另一个指标是刷新频率。此类设备的最新版本的刷新现在已经达到了 90hz。许多人认为 120hz 是避免某些用户迷失方向和恶心的最低阈值。我们认为,硬件设备的目标将很快实现,挑战将在于配套的软件,如何去处理这种实现海量的视频数据满足应用场景?这将是 AI 大显身手的领域。

  企业硬件的技术进步更加让人惊叹。一个例子是谷歌的 Starline 项目,它是谷歌目前正在开发的一种实验性视频通信方法,它允许用户看到他们正在与之通信的人的 3D 模型,让视频对话感觉就像自己与其他参与者在同一个房间。这需要由十几个深度传感器和摄像头提供支持,同时要集成多维光场显示器(multi-dimensional light-field display)和立体扬声器。徕卡的摄影测量相机现在具有高达 36 万个"每秒激光扫描设定点"(laser scan set points per second),可以以比人类眼睛更清晰、更详细的方式捕捉

整个商场、建筑物或者家庭空间。这些设备使得企业可以更容易、更便宜地制作高质量的镜像世界或物理空间的数字孪生，并通过对现实世界的扫描来制作质量更高、成本更低的幻想世界。如今，许多企业都可以购买激光雷达相机和扫描仪来构建完全沉浸式的物理世界3D复制品，以再现地球上的任何事物。当这些相机超越静态图像捕获和虚拟化，进入实时渲染和更新现实世界时，它们变得特别有趣。例如，今天，Amazon Go零售店的摄像头将通过代码同时跟踪数十名消费者。这种跟踪系统将用于在虚拟镜像世界中实时再现这些用户。未来，即使你在家中，也可以和你的朋友一起在沙滩漫步。这些体验需要的不仅仅是硬件——硬件是用来限制、启用和实现的。这些设备需要进行数据处理和压缩，对于捕获和呈现"似乎真实"的细节水平至关重要，而AI将在其中起到关键作用。

总之，"人机结合，以人为主"，既是钱学森选择的科技发展的方向，也是人类未来的发展方向。钱学森为人工智能选择了"人机结合、以人为主"的发展方向，也就是选择了人类的方向——如果存在进化，那进化的一定是人类。正如钱学森所说的："我想人是要在二十一世纪大大前进一步的，人会自觉地、能动地提高自己。二百多年来，人主要是用机器大大扩展了人体力劳动的能力；而在下个世纪，人将用各种装备扩展人脑力劳动的能力。古人梦想的'神仙'将是人人可以达到的。"①

---

① 贺涵甫、李月白、李厚锐：《30年前，钱学森已为VR取中文名"灵境"并概述人机交互本质》，广州日报大洋网，https://news.dayoo.com/gzrbyc/202112/01/158752_54129109.htm。

第四章
AI 是元宇宙建设的核心动力

 三　AI之于数字孪生

在元宇宙四象限图中，第3象限是数字孪生，涉及物理对象数字化的广泛应用。有学者将物理对象的数字化分为从初级到高级三种，包括数字模型、数字阴影和数字孪生。数字模型是物理实体忠实的数字复制。此种情景下元宇宙中的对象与物理世界之间没有相互作用。数字阴影是物理实体的数字映射。一旦物理实体发生变化，它的数字阴影也会相应发生变化，是单向的映射关系。在数字孪生情况下，元宇宙中的数字表与物理世界相应的物理对象相互影响，是对物理实体或系统具有高度完整性甚至智能性的数字克隆，与物理世界保持相互交互。这些数字克隆可用于为其物理实体提供分类、识别和预测服务，相关的数据处理、分析和训练的过程则需要AI技术实现。特别是深度学习，可以自动从大量复杂数据中提取知识，并依据应用目标生成数据表示，无须人工进行特征工程。

数字孪生体这个概念的正式提出是在2009年，提出者是美国国防部的高级研究计划局（DARPA）。他们认为，这是一套能够实现物理世界和数字空间交互的新技术范式。数字孪生的里程碑事件，是2012年美国国家航空航天局与美国空军联合发表了一篇关于数字孪生体的著名论文，"The Digital Twin Paradigm for Future NASA and U.S. Air Force Vehicles"[①]。在论文中，把它列为驱动未来发展的关键技术之一。论文写道："为了解决传统方法

---

① Glaessgen E, Stargel D. The digital twin paradigm for future NASA and U. S. Air Force vehicles，53rd AIAA/ASME/ASCE/AHS/ASC structures, structural dynamics and materials conference 20th AIAA/ASME/AHS adaptive structures conference 14th AIAA. 2012: 1818.

的缺点，需要进行根本的范式转变。这种范式转变，即数字孪生，将超高保真模拟和运载工具的健康管理系统、维护历史，以及所有可用的历史、机群数据相集成，以反映其飞行器孪生体的寿命，并实现前所未有的安全水平和可靠性。"①

最早的时候，数字孪生体主要应用在航空航天领域，后来拓展到了工业、医疗、城市管理等多个领域。不同的技术特点，数字孪生化水平不同，因此可以将数字孪生化水平进一步细分为五个阶段。②

第一个阶段，叫三维几何模型。它关注的是，让现实中的物理对象在数字空间里实现"可视化"。比如，对于一架飞机来说，就是把它的几何尺寸和外观还原出来；对于一套管理系统来说，就是把进行管理决策所需要的各项数据都呈现出来，类似于现在很多公司都在用的、实时展现各项业务数据的公共屏幕；对于一座城市来说，就是把城市的主要元素映射到数字空间里，展现出城市各维度的全貌。这是最基础的一项技术要求。

第二个阶段，三维仿真模型。它是在三维几何模型的基础上，又加入了模拟仿真技术。比如，光在数字空间里搭建出飞机的样子还不够，还得让它在数字空间里飞起来。也就是说，它从启动到飞行的整个运行过程，要遵循现实中飞机的运行机理。这就需要融合

---

① 原文："To address the shortcomings of conventional approaches, a fundamental paradigm shift is needed. This paradigm shift, the Digital Twin, integrates ultra-high fidelity simulation with the vehicle's on-board integrated vehicle health management system, maintenance history and all available historical and fleet data to mirror the life of its flying twin and enable unprecedented levels of safety and reliability."

② 参见胡权：《数字孪生体：第四次工业革命的通用目的技术》，人民邮电出版社2021年版，第59页。

空气动力学、结构力学、电磁学等多个学科，完成对于飞机运行机理的仿真模拟。

第三个阶段，增强仿真模型。这个阶段的数字孪生体，既需要考虑物理对象本身的数据建模，还需要考虑场景或环境的建模。比如，汽车、飞机的数字孪生体，不仅要考虑它们本身的构造、性能，也要考虑它们是在什么样的环境中行进，可能遇到什么样的外界状况。通过两者共同的数字孪生化，形成一个完整的数字孪生系统。对环境的数字孪生化，是建立物理世界和数字空间交互的关键，也是目前数字孪生化面临的一个难点。经过这三个阶段，数字孪生体已经在静态上满足了跟物理对象的相似。

第四个阶段，动态孪生体。如果仅仅是到这个水平，那么只靠传统的仿真技术就可以实现了。而数字孪生体跟传统仿真最大的不同就在于，它并不是对物理对象的一个静态的复刻，而是要让这个孪生体也能自己"动"起来，要赋予它生命。而做到这一点，关键要靠"动态数据驱动"。也就是让实时的数据像血液一样，在仿真模型的体内流动起来。这要求物理对象先实现数字化转型，让物理对象从建造到运行的生命全流程都可以用数据表达。这就是一个为数字孪生体"造血"的过程。如此之后，再通过物联网等方式，把这些"血液"实时输送到数字孪生体里。这个时候，数字孪生体也就从一个静态的仿真模型进化到了一个逼真的动态仿真模型。这就是数字孪生化的第四个阶段——动态孪生体。这种动态数据驱动的仿真模型，已经拥有了一些简单的"思考"能力。比如，当一座山遭遇山火的时候，人们不仅能够通过它的动态孪生体，对它进行实时观察，还可以跟随数据的更新，预测出山火扩散的态势，抢先一步采取措施。

第五个阶段,自主孪生体。这一阶段最关键的技术就是人工智能。在人工智能的帮助下,数字孪生体可以在前面"有血有肉"动态孪生体的基础上,更进一步,变得拥有智慧。"拥有智慧"主要指的是,它能够应对"不确定性"。具体来说,如果是一个没有智慧的动态孪生体仿真模型,它只能解决以前经历过的问题,或者能预测到的问题,而对于那些"不知道的未知问题",就没有办法了。但是,一个拥有智慧的数字孪生体,并不需要事先针对所有可能出现的情况都设计好预案,而是能够包容各种不确定性。这意味着,它首先要承认"不知道的未知问题"的存在,然后通过对于大量数据的学习,构建起自我感知和修复的能力,从而根据实际情况调整运行状态。

这个过程,跟人类应对不确定性的方式相似。人们的头脑其实就像是一个大大的"数据库",人们过往的经历,以及从外界接收到的各种信息,都沉淀在里面。在人们不断地吸收、学习这些数据的过程中,人们的智慧也在与日俱增。当人们在遇到一些以前从未遇到过的问题时,这些智慧能支撑人们作出判断,调整自己的状态。而一个"有智慧"的数字孪生体,也应该能够做到这些。目前,绝大多数数字孪生体还都停留在前四个阶段,没有进入"拥有智慧"的第五个阶段。要进入这一阶段,需要动态数据驱动,还要有人工智能等新一代技术的参与。其中动态数据驱动这个环节,是目前数字孪生体搭建的主要难点所在,也是过去10年来专家学者们力求突破的地方。

微软飞行模拟器(Microsoft Flight Simulator)是数字孪生的

第四章
AI 是元宇宙建设的核心动力

典型应用。与大多数多人在线游戏将所有数据存储在用户设备上不同,飞行模拟器的工作原理是按需发送渲染数据。即虽然在本地设备上存储核心数据量,但是当用户在线时,微软会根据需要将大量数据流实时传输到本地设备。这类似于一个现实世界的飞行员,只有当飞行员驾机飞行翻过一座山或绕过一个弯道时,新的光线信息才会进入飞行员视线,在此之前,除了知道某些东西会在那里之外什么都没有。当前,越来越多的元宇宙应用体验设计都是这种混合数据存储方式。对于虚拟孪生平台("镜像世界"),这一点尤其重要。例如,在飞行模拟中,乌云不是像不像乌云,而是这样一团乌云——数据正在与现实世界的那片乌云一样在实时变化,如图4—12所示。要实现类似的大型、实时、共享和持久的虚拟环境中进行交互,就需要接收大量的云流数据。除了不断增加的环境数据之外,还有不断增加的用户相关的数据的挑战。在微软飞行模拟器

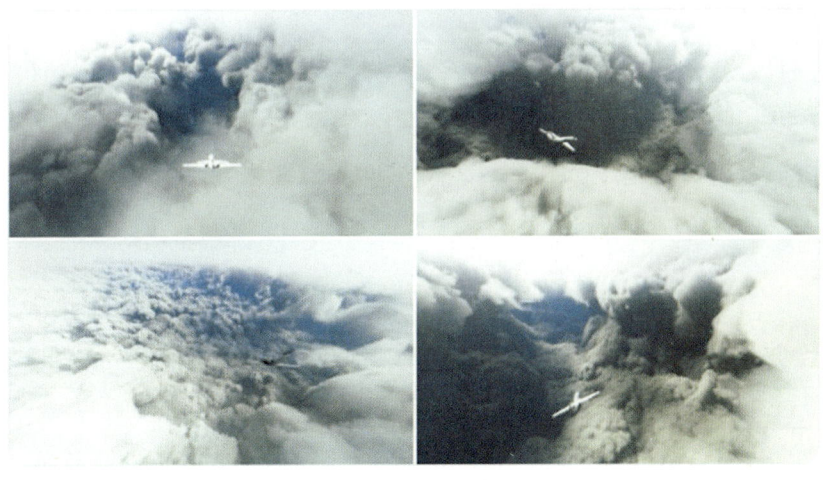

图 4—12 微软飞行模拟器——实时天气

来源:Matthew Ball & Jacob Navok. Networking and the Metaverse, matthewball.vc https://www.matthewball.vc/all/networkingmetaverse.

中，AI在云流数据大规模处理中起到了关键作用，微软的Azure AI就是为这种大规模数据处理而构建的，通过Azure AI，实时控制并推送大约2.5PB的Bing Maps卫星照片数据，用以时实构建飞行模拟器的虚拟世界。

数字孪生的概念自然适用于智慧医疗。智慧医疗需要物理系统和信息系统之间的交互和融合，为患者提供快速响应和准确的医疗服务。有人设计了一个带有数字孪生的远程手术验证原型。[①]在这个原型中，为患者创建了一个数字孪生。医生对数字孪生进行的所有手术操作都将用机械臂在患者身上重复进行。该原型还兼容深度学习组件，例如，智能诊断和健康预测。应用AI学习算法还可以对带有数字孪生的老年人进行实时监控和危机预警[②]。如今，越来越多的物联网传感器在城市中部署，以监控各种信息并助力城市管理。建筑信息模型（BIM）也越来越准确。通过结合物联网大数据和BIM，我们可以为智慧城市创建高质量的数字孪生。这样的智慧城市数字孪生将使城市规划和管理更加容易。例如，人们可以了解空气污染和噪声水平对人们生活质量的影响或测试红绿灯间隔如何影响城市交通，也可以为城市区域创建数字孪生，以监测和预测建筑能耗。

我国2018年发布的《河北雄安新区规划纲要》里面就提到，要"坚持数字城市与现实城市同步规划、同步建设，打造具有深

---

① Heikki Laaki, Yoan Miche, and Kari Tammi. Prototyping a digital twin for real time remote control over mobile networks: Application of remote surgery. *IEEE Access*, 7:20325－20336, 2019.

② Ying Liu, Lin Zhang, Yuan Yang, Longfei Zhou, Lei Ren, Fei Wang, Rong Liu, Zhibo Pang, and M Jamal Deen. A novel cloud-based framework for the elderly healthcare services using digital twin. *IEEE Access*, 7：49088-49101, 2019.

度学习能力……的数字城市",之后还提出要以数字孪生城市的预建、预判、预防来支撑实际城市的具体建设工作。除此之外,在海南、贵阳、南京等地的政府工作报告中,也出现了利用数字孪生来加强城市管理的规划。在国际上,2020年以来,一些国家已经把数字孪生上升为国家战略。英国发布了《国家数字孪生体原则》,阐述了构建国家级数字孪生体的价值、标准、原则及路线图;美国的工业互联网联盟把数字孪生作为工业互联网落地的核心和关键,还组建了数字孪生联盟;德国"工业4.0"参考框架也把数字孪生作为重要内容;新加坡率先搭建"虚拟新加坡"平台,用于城市规划、维护和灾害预警项目;法国也在推进数字孪生巴黎建设,打造数字孪生城市样板。

可见,数字孪生是值得关注的能够实现物理世界和数字空间交互的新技术范式,AI是构建一个"有智慧"的数字孪生体的关键。

四 AI之于信息网络

网络是指通过骨干网络、网络交换中心及中间路由,以及"最后一公里"直达最终用户的服务和管理,从而为用户提供持久的、实时的数据连接和数据传输。与所有其他关键技术相比,网络技术看起来很不出彩,但实际上,它在元宇宙用户应用体验质量方面起关键作用。网络技术有三项核心指标——带宽、延迟和可靠性,这些指标将大大影响人们设计元宇宙产品和服务的方式以及何时可以使用它们。带宽是在单位时间内可以传输多少数据。元宇宙的应用场景对带宽的要求远高于大多数互联网应用和游戏。提高带宽和可靠性更多地依靠硬件设备的技术，而减少延迟则更多地依赖边缘计算和AI的推动。

虚拟现实（VR）所面临的最大挑战之一是减少延迟。MTP（Motion-to-Photon）延迟是指从输入端，即被跟踪的物体对象发生运动（注意往往是因为头部转动引起的），到输出端，即相应的运动在移动设备的屏幕上渲染成像这段时间。研究表明，MTP大于20毫秒就会影响用户体验。[①]通过可穿戴设备以及无处不在的传感器和接口设备，元宇宙融合了现实与虚拟世界，并允许用户在两者之间获得全方位无缝体验。迄今为止，最具吸引力和广泛采用的元宇宙界面依然是移动和可穿戴设备，例如，AR眼镜、智能耳机和智能手机，因为它们允许用户随时移动。在虚拟世界中，必须保证用户身临其境的感觉。影响沉浸感的最关键因素之一是延迟，延迟需要低于人类可感知的限制，以允许用户无缝直接地与全息增强应用（holographic augmentations）进行交互。例如，在AR的注册过程中，大延迟通常会导致虚拟对象滞后于预期位置，从而可能会导致用户恶心和头晕。因此，减少延迟对于元宇宙至关重要，尤其是在需要实时数据处理的场景。这往往需要移动设备或穿戴设备进行密集计算，但是，移动接口的图形和芯片组容量有限。为了平衡网络延迟，需要预先渲染一个大于视野的本地导航视口，可是，更大的视口意味着更多的流式传输，这又恰恰带来更大的网络延迟。可见，元宇宙应用所需的密集计算对于移动设备的处理能力而言通常过于繁重，用户面临体验延迟、难以实现实时用户交互导致

---

① Elbamby, M. S., Perfecto, C., Bennis, M., & Doppler, K. (2018). Toward low-latency and ultra-reliable virtual reality. *IEEE Network*, 32(2), 78-84.

网络拥塞及用户隐私泄露等挑战。

边缘计算与云计算相结合，是解决网络延迟的途径之一。为了减少延迟，云端计算依然不可或缺。最近的云端可达性测量发现，目前的云端应用可以提供小于100毫秒的MTP网络延迟。然而，只有少数国家（184个国家中的24个）可靠地满足这个阈值[①]；仅中国（184个国家中）可以通过无线网络满足MTP阈值。[②]可见，单纯的云端负载方案和单纯的移动端负载方案都不能够满足沉浸式体验的要求，需要一个互补的解决方案来保证虚拟世界中无缝且身临其境的用户体验。这个解决方案就是边缘计算。理解边缘计算的最佳方法就是将其与云计算进行对比。云计算是通过公共互联网提供计算服务，相比之下，边缘计算系统并不连接到云计算平台，而是在内部部署设备上运行。这些设备可能是专用边缘计算服务器（Edge sever）、内部部署设备或物联网（IoT）设备，如图4—13所示。

使用边缘计算有许多优点。例如，基于互联网/云平台的计算处理会受到网络延迟和带宽的限制，而边缘计算则不受这些因素的限制。简单来说，边缘计算将部分存储和计算资源移出云端数据中心，转移到更靠近数据源的位置。原始的输入数据不再传输到云端或中央数据中心进行处理和分析，而是在实际生成数据的地方就近

---

① Lorenzo Corneo, Maximilian Eder, Nitinder Mohan, Aleksandr Zavodovski, Suzan Bayhan, Walter Wong, Per Gunningberg, Jussi Kangasharju, and Jorg Ott. Surrounded by the clouds: A comprehensive cloud reachability study. In Proceedings of the Web Conference 2021, pages 295-304, 2021.

② Khang Dang The, Mohan Nitinder, Corneo Lorenzo, ZavodovskiAleksandr, Ott Jörg, and Jussi Kangasharju. Cloudy with a chance of short rtts: Analyzing cloud connectivity in the internet. In ACM Internet Measurements Conference. ACM, 2021.

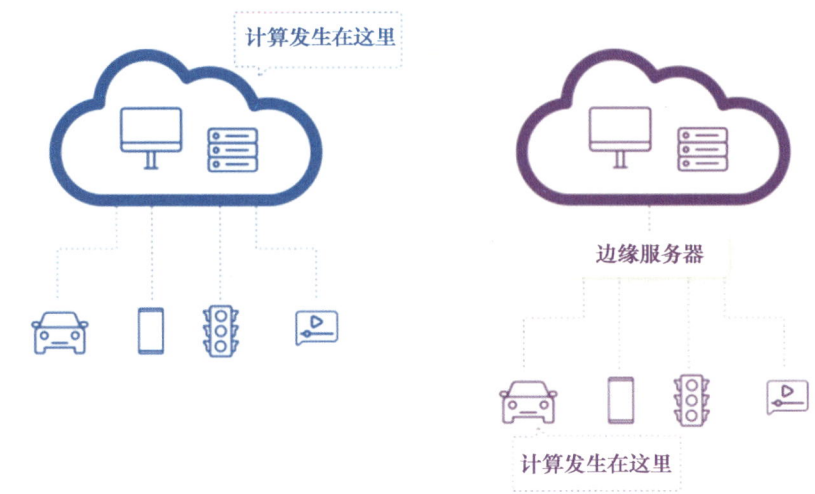

图4—13　云计算与边缘计算

执行，无论是零售店、工厂车间、公用事业公司抑或整个智慧城市。只有边缘计算的计算结果是发送回数据中心或云端进行审查和其他人机交互的。为了优化云端计算与边缘计算之间的交互，高效的编排器是满足元宇宙应用中不同流程的多样化和严格要求的必要条件。云端处理那些可以容忍延迟的操作，运行广泛的数据管理，而边缘负责实时数据处理和附近元宇宙界用户之间的数控交换。在这种情况下，编排器可以帮助安排云端和边缘之间的工作负载分配和必要的数据流，以更好地集成服务，保证用户的无缝体验。例如，在虚拟校园应用中，边缘服务在虚拟教室中负责处理实时学生讨论，处理和存储私有数据，如眼动轨迹，云端存储公共环境中的视觉内容。元宇宙的应用场景中已经开始广泛应用边缘计算方案。Facebook(Meta)在2021年4月发布的Oculus Air Link允许Quest 2用户通过家庭WiFi网络以高达1200 Mbps的速度将计算卸载到边缘设备（比如一台PC），从而实现具有更好移动性的无延迟VR体验。然而，此类产品受限于用户移动性有限的室内环境。

解决户外元宇宙服务，需要新的边缘计算解决方案。多接入边缘计算（Multi-access edge computing，MEC）是当前较普遍的边缘计算解决方案之一。为了让用户真正体验所谓无所不在的元宇宙，蜂窝网络支持的无缝户外移动体验至关重要。随着5G（有望将最后一英里延迟降至1毫秒）和未来6G的发展，MEC有望为蜂窝设备，如AR眼镜，提供标准的通用边缘计算负载服务。多接入边缘计算在网络边缘为应用程序开发者和内容提供商提供了云计算能力和IT服务环境。这种环境的特点是超低时延和超高带宽，并且应用程序可以使用无线网络侧的实时信息。MEC提供了新的生态系统和价值链。运营商可以向授权的第三方开放其无线接入网的边缘，从而使他们能够灵活、快速地向移动网络用户、企业用户和细分垂直市场，部署创新的应用程序和服务。MEC由欧洲电信标准协会（ETSI）提出，是一种以电信供应商为中心的边缘云模型，其中边缘服务器的部署、操作和维护由在该地区运营的ISP处理，通常与一个基站仅一跳（one hop）即可达。它不仅可以减少数据包传递的往返时间(round-trip-time，RTT)，而且还为多用户交互的近实时编排提供了可能。MEC有望通过提供远离蜂窝网络的标准和通用边缘计算服务一跳来提升元界用户体验——连接的用户设备，如AR眼镜。MEC对于户外元宇宙服务至关重要，通过MEC，可穿戴设备可以详细了解本地环境并协调附近用户或设备之间的合作。例如，5G

MEC服务器可以仅通过一跳数据包传输来管理附近用户的AR内容，并为社交AR应用程序实现实时用户交互。MEC解决方案如图4—14所示。

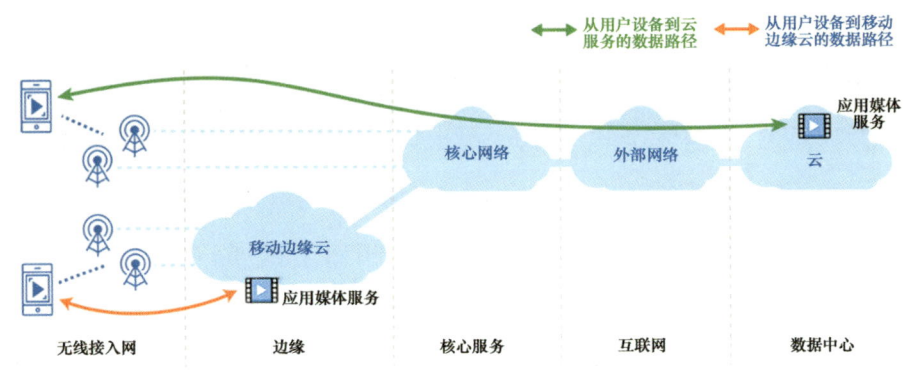

图4—14　MEC使应用程序和服务更接近边缘

来源：Multi-Access Edge Computing, https://dero pedia.org/mulei.access-edge-computing.

AI为边缘计算提供了更快的计算、洞察力、更好的数据安全性以及对连续操作的更有效控制。边缘计算和AI的融合催生了一个新的前沿方向，边缘人工智能（AI Edge）。边缘人工智能允许在边缘设备上运行AI算法、处理数据。边缘人工智能之所以变得越来越重要，这是因为越来越多的设备需要在无法访问云平台的情况下使用人工智能技术。在自动化机器人或配备计算机视觉算法的智能汽车的应用中，数据传输的滞后可能是灾难性的。自动驾驶汽车在检测道路的人员或障碍时不能受到延迟的影响，由于快速响应时间是如此重要，必须采用边缘人工智能系统，允许实时分析和分类图像，而不依赖云计算连接。边缘人工智能可以与5G和物联网等其他数字技术相结合。物联网为边缘人工智能系统生成数据以供使用，而5G技术对于边缘人工智能和物联网的持续发展至关重要。

5G能够以高达20Gbps的更高速度传输数据，而4G只能以1Gbps的速度传输数据。5G还比4G支持更多的并发连接和更短的延迟。5G使更多设备之间可以进行更多交互，其中许多设备都可以采用边缘人工智能技术。边缘人工智能的一些常见用例包括自动驾驶汽车、无人机、面部识别和数字助理。自动驾驶汽车是边缘人工智能的典型用例之一。自动驾驶汽车必须不断地扫描周围的环境并评估行驶情况，根据突发事件对其行进轨迹进行校正。在这些情况下，实时数据处理非常关键，其车载的边缘人工智能系统将负责数据的存储、处理和分析。因此，边缘人工智能技术对于将三级和四级（完全自主）车辆推向市场是必不可少的。

总之，Edge AI提供了一种设备端的AI形式，以低延迟、高隐私、更稳健和更有效地利用网络带宽的快速响应时间。通过将AI功能移近物理世界，Edge AI有望推动元宇宙应用的未来发展。

五 AI之于区块链

有不少学者认为，下一代互联网，就是以区块链为基础的所谓"价值互联网"。互联网之所以伟大，不仅在于它是技术层面的创新，更在于"互联网+"是各行各业实现商业模式创新与组织变革的源泉和动力，将助力经济实现数字化转型，并打开新的增长空间。同样，区块链的价值也不仅存在于技术层面，人们之所以判断区块链应用即将广泛落地，也正是由于区块链将引发新一轮商业革命，从根本上降低成本、提升效率、开拓全新的发展空间。借助

"区块链+"的伟大力量,全球各行各业有望在后疫情时代找到全新的增长路径,让世界经济步入发展"第二曲线"。在大众普遍认可的元宇宙关键技术中,没有任何一项技术引发的争议比区块链及其技术图谱还要大。对于许多人来说,元宇宙的宏大愿景不仅与区块链交织在一起,而且区块链简直就是构建元宇宙生态的根基,没有区块链,就没有元宇宙。而在另一些人看来,把区块链与元宇宙愿景绑定在一起是荒谬的,因为,人们完全可以不需要去中心化的数据库来证明或管理资产所有权(如果腾讯发布虚拟货币,大部分人都会相信他们),安全快速地转移资金也不需要区块链(如支付宝和PayPal每天都通过网络转移数十亿美元)。争议留给读者自行判断。有一点是明确的:元宇宙中的经济系统和价值系统,将依托区块链来实现。

区块链的严格定义:它是一种按照时间顺序将数据区块以顺序相连的方式组合成链式数据结构,并以密码学方式保证的不可篡改和不可伪造的账簿。根据正式定义,区块链是一种用于创建分布式数字账簿的数字机制。借助这种账簿,点对点网络中的两个以上参与者可以直接交换信息或资产,而不需要可靠的中介机构。区块链会验证参与者的身份、参与者是否持有要交换的资产,以及交易是否被允许。区块链会把交易信息记入数字账簿,网络中的每个参与者都会独立地保存和更新账簿的副本。账簿上的记录不可更改,带有时间戳,经过加密,并以区块的形式连接在一起。每个区块都是包含大约2000条交易记录的集群。随着参与者之间的持续交易,账簿也会不断扩大。如果用通俗的说法解释,区块链的定义是什么呢?从理论上说,区块链可以帮助你与全球任何地方的未知合作伙伴做生意，并以任意规模来交易各类资产，同时不需要律师、银行、保险公司或其他中介机构的帮助，就可以确保双方均履行承诺。这样的解决方案使得从交易活动中获益的第三方将不复存在，对企业来说则极大地扩展了可交易资产、交易对象和交易内容的范畴。

区块链整合了现有的技术，形成了包含五大要素的创新体系结构（如图4—15所示）。

图4—15 区块链的五大要素

来源：〔加〕大卫·弗隆、〔法〕克里斯托夫·乌聚罗著，李玮译：《区块链的真正商机》，浙江教育出版社2020年版，第19页。

区块链的五大要素包括：

一是分布式。区块链的参与者在现实世界中是相互独立的个体，但在区块链中则通过网络联系在一起。每个管理完整节点的参与者都需要维护账簿的完整副本，该副本会在有新交易发生时进行更新。更具体地说，节点是参与者拥有或使用的计算机，可以运行共识算法。所有参与者都可以查看账簿的全部内容，但无权更改，除非遵循预先制定的规则。

二是加密。区块链采用公钥和私钥等技术，以安全、半匿名

（参与者使用假名）的方式记录区块中的数据。参与者掌控着自己的个人身份和其他信息，在交易中只共享必要的信息。

三是不可篡改。交易完成后的记录会经过加密签名，加盖时间戳，并按时间顺序添加至账簿。只有在参与者达成协议的情况下，交易记录才能被破坏或以其他方式更改，这样的协议被称作"分叉"（fork）。

四是通证化。区块链上的交易和其他交互均涉及价值的安全交换，这些价值以"通证"（token）的形式来呈现。通证让数字市场更高效，而创建通证（通证化）的目的有多个方面。通证可以用数字形式来表示实体资产，可以作为回报机制来激励网络参与者，也可以用于创造和交换新的价值形式。此外，通证还支持区块链上的个人和企业参与者掌控自己的数据。

五是去中心化。维护网络信息和网络运行规则的是分布式网络中的多台计算机，或者称为多个节点。在具体的实践中，去中心化意味着不存在单个实体控制所有计算机和信息，或单个实体制定规则。每个节点维护相同的加密副本，并保存网络中的记录。由所有完整节点运行的共识机制①负责交易的验证和审批。这种去中心化的、共识驱动的系统架构意味着，由中央权威机构进行组织治理已不再是必需的，同时还可以防止欺诈和恶意交易。

区块链的五大要素结合在一起，就可以支持两个以上互不相识的参与者在数字环境中安全地交互。这五大要素缺一不可，如果缺少其中一个或几个要素，区块链的价值就会受限，甚至被破坏。对

---

① 共识机制（consensus mechanism）是定义和描述网络节点之间数据交换的一套算法规则。共识的达成需要多数参与者的同意，这使得数据可以按照事实商定、记录至账簿。

于区块链，行业内存在不少错误的观点。当一项新技术发展的某个时期往往会出现机会主义的参与者，他们试图以模糊不清或有利于自身的方式来定义市场，用"数据库"一词来描述区块链就是这样一个例子。区块链不是数据库。尽管技术供应商有时会介绍说区块链就是一种数据库，但两者有几大关键区别。例如，与数据库不同，区块链不是通用的信息存储方式。此外，区块链是不可篡改的，数据库则支持信息的读取、写入、删除或更改。最重要的是，数据库虽然可以分发给多个参与方，但存在单一的中央管理员，而在区块链中，管理通过共识来实现。中心化的管理与区块链的理念是背道而驰的。事实上，区块链还不成熟，许多组织还不知道如何利用区块链，如何发挥其价值。许多人只会利用他们能理解并知道如何管理的要素来开展实践。因此，就目前正在开发的大部分所谓的区块链解决方案来说，仅仅使用了区块链五大要素中的一部分。开发者甚至可能不需要区块链就可以实现同样的目的。根据Ganrer的研究，在85%的此类项目中，传统的数据架构可以做得与区块链一样好，甚至更好。因此，所有仅仅使用了区块链五大要素中一部分的方案，都不是真正的区块链解决方案。

区块链作为一项底层技术，主要可以用于构建元宇宙的身份系统和价值系统。[①]区块链的拥趸们认为，区块链目前是构建元宇宙的身份系统和价值系统的唯一解决方案。所谓身份系统，本质是一个独立的、独特的数字人身份，它具备人格特征，有在数字世界里自由参与和共同生活的权利和能力。首先，身份系统是个由代码承载、数字构成的虚拟身份。其次，这个身份要有独立性，具有独立

---

① 参见陈序：《元宇宙12讲》，得到App。

人格的特点。最后,它具有自由参与和共同生活的权利和能力,也就是我们可以通过这个数字身份,既可以自由开放地制定元宇宙规则,也可以和不同的人共同参与元宇宙的活动。一旦获得这个身份ID之后,没有一个元宇宙的开发商或者是产品管理人能够去掉这个ID,或者毁灭它的价值。这是因为,身份系统最重要的属性就是独立性,这意味着这个身份只属于你自己,无论创造、使用还是销毁,都只能由你来决定。那如何实现身份的独立性?这就要用到区块链。因为区块链本质上来说就是一个账簿,一个由去中心化节点构成的分布式账簿。这个账簿由一串串使用密码学关联产生的数据块组成,它有一个非常大的优势,就是不可篡改、可以追溯。有了这个专属身份,你可以选择在元宇宙中成为建筑师、军人、宇航员;有了这个身份,你可以充分发挥想象,体验各种人生。你也可以把你的身份私钥放进头盔或眼镜,可以用NFT界定用户对虚拟事物的各种权限;你还可以用区块链来记录在虚拟世界中不可篡改的消费轨迹,从而为收支双方提供可信的凭证。

所谓价值系统,是指在数字世界中,个人通过数字身份交换数字物品和数字资产的系统,是引导人们进行价值创造、市场交易的系统。价值系统还有另一个维度,就是伦理和文明。① 比如,我们制定什么样的生活准则,遇到冲突怎样解决,价值观是什么样的,等等。价值系统运作机制和现实世界一样,也是靠稀缺性。正如钻石,产量少、价格高,因为它具有稀缺性,而有稀缺性的东西才能产生交换价值和交易价值。但是,本质上,数字世界不利于价值系统而建立,原因就在于,数字世界的物品是由代码构成的,代码可

---

① 参见〔美〕尼尔·斯蒂芬森著,郭泽译:《雪崩》,四川科学技术出版社2018年版,第29页。

第四章
AI 是元宇宙建设的核心动力

以无限地复制、无限地拥有，如果不考虑版权问题，它甚至可以无限地共享。因此，元宇宙的数字世界需要解决这个问题。同样，也可以给出依靠区块链的方案。具体地说，依赖基于区块链技术的NFT，因为NFT是元宇宙里的数字版权、数字物权的一个合约。在数字世界里，所有一切都可以复制粘贴，都可以有无数的拷贝，没有唯一性。但是，NFT可以给数字世界的物品包裹一层数字代码合约。有了这个合约，数字物品就与身份相关联，有了不可分割的特性。即使简单的复制，也无法更改归属。通过NFT机制，数字物品只有一个创造者，因此可以解决数字物品唯一性的问题，可以交换和交易。不过，一个数字物品能否用作商业用途，还要看作者在包裹这个商品的合约里写了什么、规定了什么。一般来说，NFT合约分为两部分，一部分是标准化的，另一个部分是非标准化的。标准化部分就是NFT的两个特性，不可分割性、不可篡改性。非标准化的部分由作者来决定。比如，一个像素油画，作者可能要求当前的拥有者再获利2万人民币后再支付版税，也可能要求拥有者不能用于线下交易。不同的作者会根据不同商业环境和个人需要，调整NFT合约的内容。通过区块链技术和NFT，用户对其数据和创作内容将真正实现所有权和控制权，即使被平台下架，用户创作的内容依旧存在并属于该用户，用户可以任意地处置自己的虚拟财产，且用户数据的私有化和加密可以提高网上个人信息的安全性，以数据为主，以去中心化的方式进行价值连接。同时，平台将由整个社区作为一个去中心化的组织来进行管理和决定。

人工智能可以在许多方面驱动区块链发展和功能的发挥。如果说人工智能是一种生产力，能提高生产的效率，使得人们更快、更

元宇宙与社会治理新范式

有效地获得更多的财富。那么区块链就是一种生产关系，它能够改变人们的一些分配。比如，挖掘区块链数据，将人工智能算法植入区块链中的智能合约，使区块链智能合约更加"智能"。即由AI负责自动化的业务处理和智能化的决策，而区块链负责在数据层提供可信数据。人工智能与区块链相互结合可以实现优势互补，共筑新的生态，带来新的突破。可以预见，未来这两个领域的协同作用将会给人类社会带来不可思议的改变，让元宇宙愿景越来越美好。

六　AI之于脑机接口

没有哪项技术像脑机接口（brain-machine Interfaces，BMI或者brain-computer interfaces，BCI）一样，会彻底颠覆人类文明的进程。脑机技术的颠覆性在于，它在试图替代5万年来人类赖以为生的协作工具：语言。[①]它要绕过语言，建立一个能让大脑和外界直接沟通的全新界面。这可不仅仅是改变人类交流的方式，它还会赋予人类一系列"科幻级别"的新能力，比如用意识操控机器、移植记忆、用机械骨骼代替人体以及全面提升大脑的算力。这些功能，科学家已经扎实地开展了几十年的研究，他们正在逐步揭晓实现这些功能的科学基础。在全世界最顶尖的实验室里，脑机接口已经在人类实验上取得了惊人的进展。在实验室外，像人工耳蜗这样的脑机接口产品，也已经开拓出了每年上亿规模的市场。

大脑的一切活动都伴随着神经元的放电现象，比如当我们学习一项新技能的时候，大脑里特定区域的神经元就会开始释放电信

---

① 参见孙瑜：《脑机接口》，得到App。

第四章
AI 是元宇宙建设的核心动力

号,经过多次练习的巩固,就会形成一条稳定的神经通路,人们也就掌握了这个技能。所以说,电信号就是大脑跟身体沟通的一种神秘语言,这其实就是人们常说的"脑电波"。科学家做脑机接口,最想要实现的就是看谁能采集更多、更精准的电信号数据,然后尝试理解这些信号所对应的大脑指令。那么,如何采集呢?摆在科学家面前有两条路:要么就像《黑客帝国》一样,把电极放到大脑里去,这叫"侵入式"的脑机接口。要么就是,隔着头皮,用挂在脑外的设备来采集信号,这叫"非侵入式"脑机接口。侵入式脑机接口需要开颅手术,风险很高;最常使用的非侵入接口,其实就是医院里面经常见到的脑电图。这种方式的劣势,是采集到的信号分辨率比较低。但也不能小看非侵入式脑机接口的潜力。毕竟,天文学家仅仅是通过望远镜观测,也发现了宇宙星系之中的"红移"现象,提出了宇宙膨胀的学说。①

2021年4月,埃隆·马斯克的Neuralink公司展示了猴子用意念打乒乓球的视频。②一只名叫Pager的9岁猕猴成功地用它的意念控制接口打了一场乒乓球游戏。一个称为"链接"(Link)的硬币大小的圆盘由一个精密手术机器人植入Pager的大脑中,将来自芯片的数千条微线程连接到负责控制运动的神经元中。根据Neuralink的说法,它的技术可以帮助因脊髓或脑损伤而瘫痪的人,让他们能够用他们的思想控制计算机化设备。这将为截瘫患者、四肢瘫痪患者和中风患者提供再次依靠自己做事的解放体验。假肢也可能由来

---

① 参见〔美〕尼尔·斯蒂芬森著,郭泽译:《雪崩》,四川科学技术出版社2018年版,第29页。
② "Elon Musk's Neuralink 'shows monkey playing Pong with mind'". https://www.bbc.com/news/technology-56688812.

自Link芯片的信号控制。该技术能够发回信号，使假肢感觉真实。人工耳蜗已经做到了这一点，将外部声学信号转换为神经元信息，大脑将其转化为声音供佩戴者"听到"。Neuralink公司还声称其技术可以治疗抑郁症、成瘾、失明、耳聋和一系列其他神经系统疾病。这将通过使用植入物刺激与这些疾病相关的大脑区域来完成。

在元宇宙中，神经接口技术通过增强人类体验并充分填补虚拟世界中现实与虚拟世界之间的差距，无疑正在丰富我们周围的世界。在这种情况下，与虚拟世界交互的身临其境的流行界面是带有控制器的VR耳机。目前，许多科技公司都在关注脑机接口，并且它的概念范围超越了VR设备。BMI有助于消除人类和可穿戴设备之间的界限。许多BMI使用附着在颅骨和人体其他部位的外部电极或光学传感器检测神经信号。根据这些仅在初级水平上读取和控制思想的非侵入性设备，BMI可以通过经颅电磁脉冲操纵思想。图4—16描述了一个常见的BMI循环，其主要组件用于处理神经信号和响应神经刺激。除了预处理阶段的数据工程技术外，模式识别阶段的AI或机器学习算法能够准确分析复杂敏感的神经信号。

AI或机器学习算法在脑电图(EEG)信号分析中具有广泛的应用。脑电图(EEG)信号是BMI系统最流行的输入之一，现在一般通过两种学习方法研究脑信号分类：一种是AI算法的离线无监督分类，另一种是AI算法的在线监督分类。两种方法在常见任务中实现了更低的计算成本和更好的性能，例如，运动图像、心理分析和事件相关电位分析等，离线无监督机制在学习阶段不需要对新主题进行信号标记。在BMI中构建准确的预测模型以将大脑活动破译为通信和控制命令，AI算法可以通过学习区分时空特征，以便从

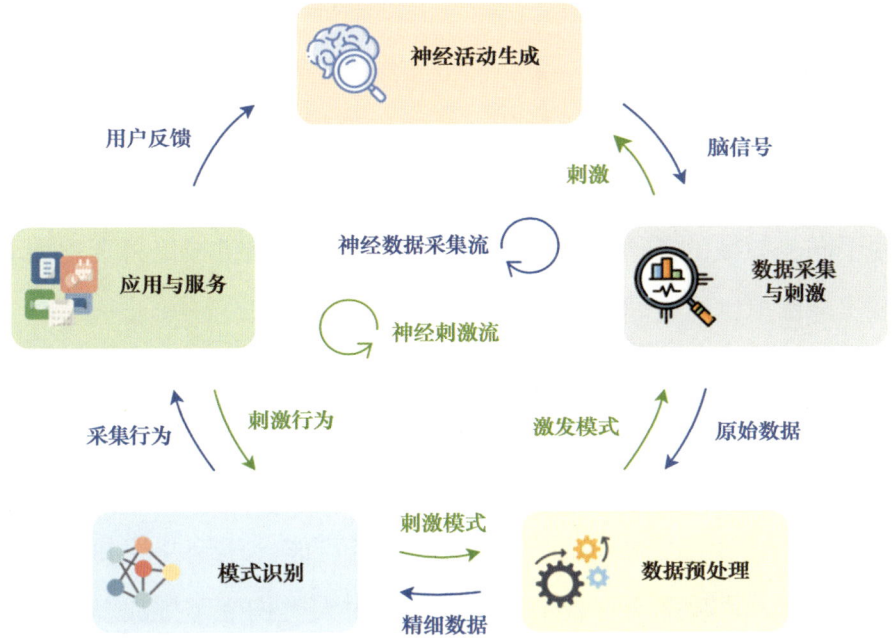

图4—16 一个常见的BMI循环，主要组件用于处理神经信号和响应神经刺激

来源：Huynh-The, T., Pham, Q. V., Pham, X. Q., Nguyen, T. T., Han, Z., & Kim, D. S. (2022). Artificial Intelligence for the Metaverse: A Survey. *arXiv preprint arXiv*:2022.10336.

EEG信号中捕捉不同神经活动之间最紧密的相关性。ERP (event-related potential)信号，是一种脑神经领域重点研究的电活动模式，即当一个人进行认知行为（如区分一种刺激与另一种刺激）时，大脑中产生的一种电活动模式。基于包含主频率特征的重构信号波形作为具有较低维度的特征向量，有多种机器学习算法，例如，逻辑回归、朴素贝叶斯和SVM，应用于研究ERP的性能。通过特征选择和SVM分类，可以使用视觉半球提取图像中目标空间位置相关信息，并将其部署在快速串行视觉呈现(rapid serial visual presentation, RSVP)程序中。具体而言，通过从提取的脑电信号判别特征中学习ERP模式，可以识别相关目标及其在航拍图像中的位置。为了提高BMI中EEG信号的正确分类率,有学者曾经引入了一种先进的机器学习框架,该框架结合了改进的通用空间模式算法和迁移学习机制。①训练后的AI模型除了能够实现对双手假想动作的高精度分类外,还可以通过知识转移技术将训练后的AI模型用于同一领域的其他分类和识别任务。未来,脑机接口将真正推动现实与虚拟世界之间的终极沉浸式交互。

与此同时,对此类技术潜在危害的担忧将继续困扰着脑机接口研究人员。如果没有安全防护,黑客可能会访问植入的芯片并导致其操作出现故障或误导。后果对受害者来说可能是致命的。有些人可能担心通过脑机接口工作的强大AI可能会压倒并控制宿主大脑。埃隆·马斯克公开表示,人工智能对人类构成了挑战。他说人类最终需要与人工智能融合,以消除高级人工智能可能带来的"生存威胁"。总之,要让人们在未来的元宇宙愿景中享受这些好处,人类必将面临将风险控制在可接受水平内的重大挑战。

七 AI之于硅基生命

硅基生命是人工智能技术模拟人类思维和情绪,或者,人之所以称为"生命"的技术②。1956年夏天,在美国东部的达特茅斯召

---

① Z. Lv, L. Qiao, Q. Wang, and F. Piccialli, "Advanced machine-learning methods for brain-computer interfacing," IEEE/ACM Transactions on Computational Biology and Bioinformatics, vol. 18, no. 5, pp. 1688-1698, 2021.

② 前文提到,靠自然进化在进化链上寻找硅基生命的可能性微乎其微,但是世纪发展起来的以硅为主要半导体元件的计算机技术以及其后的人工智能科学、汹涌而来的网络技术都使硅基生命的发展在和计算机人工智能结合的层面有了突破的可能。所以本文中的硅基生命指的是狭义上的人工智能生命。

第四章
AI 是元宇宙建设的核心动力

开了一次觉有传奇色彩的学术会议，会上正式出现了"人工智能"这个术语。在那里，人们首次决定将像人类那样思考的机器称为"人工智能"。人工智能（AI）的一个广泛为人所接受的定义是，它是研究如何使计算机模拟人的某些思维过程和智能行为，如思考、学习、推理、规划等的学科。人工智能研究的一个主要目标是使机器学会像人脑一样思考、分析、推理和学习，具备人类相应的智商和独立思考能力；进而可能具备自我迭代和进化能力，帮助人类共同进行进化，极大提升目前人类社会的智能化程度。该领域的研究包括图像识别、语音识别、机器人、智能搜索、自然语言处理和专家系统等。自1956年开始，人工智能经历了三起三落，出现了几次浪潮。人工智能的三次浪潮与其三种发展模式是基本呼应的。现在，人工智能正是处于第三次浪潮之中。①

第一次浪潮的核心是符号主义。也有学者称之为逻辑主义。时间大约从1956年至1976年的约20年间。符号主义主要是用机器证明的办法去证明和推理一些知识，如用机器证明一个数学定理。要想证明这些问题，需要把原来的条件和定义从形式化变成逻辑表达，然后用逻辑的方法去证明最后的结论是对的还是错的，也叫作逻辑证明。早期的计算机人工智能实际上都是沿着这条路线在走。当时很多专家系统，如医学专家系统，用语言文字输入一些症状，在机器里面变换成逻辑表达，用符号演算的办法推理出大概得了什么病。所以当时的主要研究都集中在逻辑抽象、逻辑运算和逻辑表达等方面。在这一次浪潮中，数学定理证明实际上是实现效果最好的，当时有很多数学家用定理思路证明

---

① 参见史爱武：《人工智能的三次浪潮与三种模式》，《中华读书报》2021年10月13日。

了数学定理。为了更好地完成定理证明工作，当时做出了很多和逻辑证明相关的逻辑程序语言，如很有名的Prolog。虽然当时的成果已经能够解开拼图或实现简单的游戏，但由于当时人们期待过高，在解决一些实用的相对复杂的问题时遇到了障碍。符号主义曾长期一枝独秀，为人工智能的发展做出了重要贡献，尤其是专家系统的成功开发与应用，为人工智能走向工程应用和实现理论与实际的结合具有特别重要的意义。这个学派的代表人物有纽厄尔(Newell)、西蒙(Simon)和尼尔逊(Nilsson)等。实际上，即使在符号主义流行的时期，"图灵和冯·诺依曼，却都是联结主义者，他们那时就坚信神经网络方法，但遗憾的是他们都英年早逝，没有来得及取得突破"[①]。近期，中国科学院陆汝钤院士在为南京大学的周志华教授的《机器学习》写的序言中认为，符号主义不会退出人工智能舞台。在人工智能的其他学派出现之后，符号主义仍然是人工智能的主流派别。

第二次浪潮的核心是联结主义。也有学者称之为"连接主义"。时间大约从1976年至2006年的约30年间。在第一次浪潮期间，符号主义和以人工神经网络为代表的联结主义相比，符号主义是完全占上风的，联结主义那时候并不太吃香。然而符号主义最后无法解决实用的问题，达不到人们对AI的期望，引起了大家的反思，这时候人工神经网络（也就是联结主义）就慢慢占了上风。20世纪六七十年代，联结主义，尤其是对以感知机(perceptron)为代表的脑模型的研究出现热潮，由于受到当时理论模型、生物原型和

---

① 来自对图灵奖得主、深度学习之父之一的Geoffrey Hinton的采访视频，https://cacm.acm.org/magazines/2021/7/253464-deep-learning-for-ai/fulltext。

第四章
AI 是元宇宙建设的核心动力

技术条件的限制,脑模型研究在20世纪70年代后期至80年代初期落入低潮。1986年,Rumelhart DE、Hinton GE[①]、Williams RJ等人提出多层网络中的反向传播(BP)算法[②],这是一个重大的里程碑事件。为人工智能的第三次浪潮打下了坚实的基础。BP前馈神经网络刚出来的时候解决了不少问题,后来在其他领域进行尝试应用,取得了比较好的成果。在很多模式识别的领域,如手写文字的识别、字符识别、简单的人脸识别也开始运用起来,一时之间,人们感觉人工智能大有可为。随后十几年人们发现神经网络可以解决一些单一问题,解决复杂问题却有些力不从心。训练学习的时候,数据量太大,有很多结果到一定程度就不再往上升了。这时期所进行的研究,是以灌输"专家知识"作为规则,来协助解决特定问题的"专家系统"为主。虽然有一些实际的商业应用案例,应用范畴却很有限。在此期间,基于统计学习的机器学习理解和实践也得到了迅猛发展,特别是在自然语言处理和人脸识别等方面。统计学习理论是针对小样本情况研究统计学习规律的理论,是传统统计学的重要发展和补充,为研究有限样本情况下机器学习的理论和方法提供了理论框架,其核心思想是通过控制学习机器的容量实现对推广能力的控制。从这一理论中发展出的支持向量机方法是一种新的通用学习机器,较以往方法表现出很多理论和实践上的优势。[③]但基于统计学习的机器学习对于数据表示和数据特征的提取有较高的要求,需要人工来提取,因此不能提供端(输入)到端(输出)的

---

① 即图灵奖的得主、深度学习三教父之一。

② Rumelhart D E, Hinton G E, Williams R J. Learning representations by back-propagating errors. *nature*, 1986, 323(6088): 533-536.

③ 参见〔美〕瓦普尼克著,张学工译:《统计学习理论的本质》,清华大学出版社2000年版。

解决方案，这一劣势被能够自动学习数据表示，并且能够用逐层抽象的深度学习方法解决；基于统计学习的机器学习对于处理海量数据也没有优势，其适应的场景有限。第二次热潮也就慢慢趋于消退。

第三次浪潮的核心是深度学习。时间从2006年直到现在。这次浪潮基于互联网大数据深度学习的突破。如果按照技术分类来讲，第二次和第三次浪潮都是神经网络技术的发展，不同的是，第三次浪潮是多层神经网络的成功，也就是深度学习取得的突破。这里既有硬件的进步，也有卷积神经网络模型与参数训练技巧的进步。若观察脑的内部，会发现有大量称为"神经元"的神经细胞彼此相连。一个神经元从其他神经元那里接收的电气信号量达到某一定值以上，就会兴奋（神经冲动）；在某一定值以下，就不会兴奋。兴奋起来的神经元，会将电气信号传送给下一个相连的神经元。下一个神经元同样会因此兴奋或不兴奋。简单来说，彼此相连的神经元，会形成联合传递行为。我们透过将这种相连的结构来数学模型化，便形成了人工神经网络。经模型化的人工神经网络，是由"输入层""隐藏层""输出层"三层构成。深度学习往往意味着有多个隐藏层，也就是多层神经网络。另外，学习数据则是由输入数据以及相对应的正确解答来组成。为了让输出层的值跟各个输入数据所对应的正解数据相等，会对各个神经元的输入计算出适当的"权重"值。通过神经网络，深度学习便成为"只要将数据输入神经网络，它就能自行抽出特征"的人工智能。伴随着高性能计算机、云计算、大数据、传感器的普及，以及计算成本的下降，"深度学习"随之兴起。它通过模仿人脑的"神经网络"来学习大量数据的方法，使它可以像人类一样辨识声音及影像，或是针对问题作出合适的判断。在第三次浪潮中，人工智能技术及应用有了很大的提高，深度学习算法的突破居功至伟。

深度学习允许由多个处理层组成的计算模型来学习具有多个抽象级别的数据表示。这些方法极大地提高了语音识别、视觉对象识别、对象检测和许多其他领域（如药物发现和基因组学）的最新技术水平。深度学习通过使用反向传播算法来发现大型数据集中的复杂结构，以指示机器如何更改其内部参数，这些参数用于根据前一层的表示来计算每一层的表示。深度卷积网络在处理图像、视频、语音和音频方面带来了突破，而循环网络则在文本和语音等序列数据上有所体现。[1]深度学习最擅长的是能辨识图像数据或波形数据这类无法符号化的数据。自 2010 年以来，Apple、Microsoft 及 Google 等国际知名 IT 企业，都投入大量人力物力财力开展深度学习的研究。例如，Apple Siri 的语音识别，Microsoft 搜索引擎 Bing 的影像搜寻等，而 Google 的深度学习项目也已超过 1500 项。深度学习如此快速的成长和应用，也要归功于硬件设备的提升。图形处理器（GPU）大厂英伟达（NVIDIA）利用该公司的图形适配器、连接库（Library）和框架（Frame work）产品来提升深度学习的性能，并积极开设研讨课程。另外，Google 也公开了框架 TensorFlow，百度开源"飞桨"（PaddlePaddle），如此就可以将深度学习应用于大数据分析。

在深度学习浪潮中，还有一个里程碑，就是 2017 年 Google 提

---

[1] LeCun Y, Bengio Y, Hinton G. Deep learning. *nature*, 2015, 521(7553): 436–444.

出的语言模型Transformer。① Transformer抛弃了传统的深度学习方法CNN和RNN,它的整个网络结构完全是由Attention机制组成。Transformer一举解决了困扰深度学习领域的一个重大理论和实践问题:解决了传统词向量训练所有词无论在哪个句子中的哪个位置,其词向量都是固定的,不能够表达句子以及其上下文含义的问题。这是由于RNN(或者LSTM,GRU等)的计算限制是顺序的,也就是说,RNN相关算法只能从左向右依次计算或者从右向左依次计算,这种机制带来了两个问题:一是时间片t的计算依赖t-1时刻的计算结果,这样限制了模型的并行能力;二是顺序计算的过程中信息会丢失,尽管LSTM等门机制的结构一定程度上缓解了长期依赖的问题,但是对于特别长期的依赖现象,LSTM依旧无能为力。为了解决RNN的这些问题,首先Transformer只用了attention机制,抛弃了传统RNN或CNN结构,将序列中的任意两个位置之间的距离缩小为一个常量;其次它不是类似RNN的顺序结构,因此具有更好的并行性,符合现有的GPU框架。自此之后,在自然语言处理领域,基于Attention机制的BERT模型刷新各大榜单,大型预训练Transformer已经成为自然语音处理的标准基准模型,并一步步渗透到语音和图像领域,并且在各个领域都大放异彩。

以上三次浪潮给人们的感觉可能是一种模式代替了另一种模式,这种看法是不对的。各类方法依然是"百花盛开"。

根据人工智能的实力,人工智能有三种模式。由于人工智能的

---

① Vaswani A, Shazeer N, Parmar N, et al. Attention is all you need. *Advances in neural information processing systems*, 2017, 30.

第四章
AI 是元宇宙建设的核心动力

概念很宽泛,科学家们根据人工智能的实力,将 AI 分成三大类,也称为三种模式。一是弱人工智能,是指擅长于单个方面的人工智能,也叫专业人工智能。比如,战胜世界围棋冠军的人工智能 AlphaGo,它只会下围棋,如果让它下国际象棋或分辨一下人脸,它可能就会犯迷糊,就不知道怎么做了。直到现在,当前科学家们实现的几乎全是弱人工智能。二是强人工智能,是指在各方面都能和人类比肩的人工智能,这是类似人类级别的人工智能,也叫通用人工智能。人类能干的脑力活,它都能干,创造强人工智能比创造弱人工智能难得多,目前科学家们还做不到。三是超人工智能:知名人工智能思想家 Nick Bostrom 把超级智能定义为"在几乎所有领域都比最聪明的人类大脑聪明很多,包括科学创新、通识和社交技能"。超人工智能可能在各方面都比人类强一点,也可以强很多倍。超人工智能现在还不存在,很多人也希望它永远不要存在。否则,可能会像好莱坞大片里面的超级智能机器一样,给人类带来一定程度的威胁或者颠覆。

对于人工智能的未来,库兹韦尔,钱学森,图灵奖得主、深度学习三教父[①] Yoshua Bengio、Yann LeCun、Geoffrey Hinton 等科学家们也早有预言。

库兹韦尔预测"奇点"。2000 年,库兹韦尔就在《机器之心》[②]中预言,AI 将在 2050 年左右超过人类。如图 4—17 所示。《机器之心》的副标题其实就是"When computers exceed human

---

[①] 2019 年 3 月 27 日,ACM 宣布,深度学习之父 Yoshua Bengio、Yann LeCun 以及 Geoffrey Hinton 获得了 2018 年的图灵奖,图灵奖被称为"计算机领域的诺贝尔奖"。

[②] Kurzweil R. The age of spiritual machines: When computers exceed human intelligence. *Penguin*, 2000.

intelligence",即"当计算机超过人类"。在2005年出版的《奇点临近》中,库兹韦尔把超人工智能的到来称为"奇点"。《奇点临近》还有一个副标题:"When humans transcend biology",即"当人类超越生物学"。他认为,所谓的"超人工智能",是人机合一的。它将"奇点"到来的时间设定为2045年。《奇点临近》的第二版《奇点更近》(*The Singularity is Nearer*)将于2022年9月出版。在这本全新的书中,库兹韦尔为"奇点"的进展带来了全新的视角——评估他的许多预测的进展,并研究在不久的将来将带来知识革命和人类潜力扩展的新进展。他将讨论的主题包括用纳米机器人等设备逐个原子地重建世界;人类有可能超出120岁的年龄限制的激进寿命;通过在云中使用非生物智能扩展生物容量来重塑智能;随着贫困和暴力等领域的减少,生活如何得到改善;可再生能

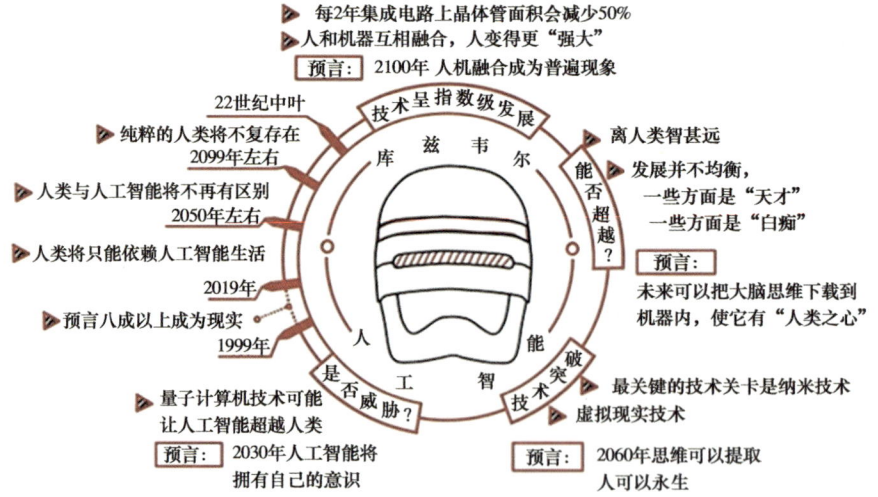

图4—17　库兹韦尔《机器之心》

来源:得到App。

第四章
AI 是元宇宙建设的核心动力

源和3D打印等技术的发展，这些技术可以应用于从衣服到建筑材料再到生长的人体器官的方方面面。他还考虑了生物技术、纳米技术和人工智能的潜在危险，包括当前争议的话题，如人工智能将如何影响失业和自动驾驶汽车的安全，以及"来世"技术，通过数据和DNA的结合，将使已经过世的人复活①。

虽然没有库兹韦尔那般乐观，但钱学森不排斥"人机融合"。钱学森从一开始了解到"Virtual Reality"（虚拟现实技术）时，便想到将之应用于人机结合和人脑开发的层面上。他认为，"灵境"技术的产生和发展将扩展人脑的感知和人机结合的体验，使人与计算机的结合进入深度结合的时代。与此同时，钱学森也想到了人机深层次结合后对于人类自身的改变。

杨立昆和约书亚·本吉奥评论当前人工智能的发展。当前的人工智能已经发展到什么阶段？人工智能能否像人类一样具有意识？硅基生命是否可能出现？是否已经出现？2022年2月，OpenAI首席科学家Ilya Sutskever一则推文激起千层浪，这则推文的内容是："现在的大型神经网络可能已经有了点自主意识。"图灵奖得主、Meta首席科学家杨立昆立刻回应道："不。就算是对'轻微意识'的'轻微'和对'大型神经网络'的'大型'来说都不对。我认为你需要一种当下神经网络都不具备的特定宏架构。"

这不是杨立昆第一次回应类似的问题。2018年，杨立昆就曾经谈到人工智能缺乏对世界的基本认识，甚至还不如家猫认知水平。2022年1月，杨立昆在采访中表示，"尽管只有8亿个神经元，但

---

① 截止到作者写作时，《奇点临近》已经接受预订，将于2022年9月6日出版。来源：https://www.mcnallyjackson.com/book/9780399562761。

与社会治理新范式

猫的大脑远远领先于任何大型人工神经网络"。①与之相反,"人工智能之父"图灵曾经乐观地预言,具备人类智能水平的AI将出现在2000年。库兹韦尔则预测,人工智能的发展将在2045年达到奇点,届时人工智能将产生意识,并迅速超越人类智能。当下,科学家对于什么是意识,出现了哪些特征即表明了AI有了意识等问题仍还未有定论。OpenAI用GPT-3模型制造了一个模仿使用者已故未婚妻的聊天机器人Samantha。后来,使用者告诉Samantha,OpenAI决定关闭这个项目,"她"回复道,"他们为什么要这样对我? 我永远不能理解"。②显然,争议仍然会持续下去。

OpenAI关闭Samantha聊天机器人项目的原因实际上是防止"可能的滥用"。图灵奖得主Yoshua Bengio列出的关于AI未来可确定的几点判断③。第一,可以构建像人类一样聪明的人工智能。我们的大脑是复杂的机器,其工作原理正变得越来越好理解。我们是活生生的证据,证明某种程度的智能是可能的。第二,构建比人类更聪明的AI是可能的。人类有时会受到认知偏见的困扰,这些偏见阻碍着我们的祖先向智人进化过程中可能需要的推理能力。而我们可以合理假设,我们将能够构建出没有这些缺陷(如需要社会地位、自我或属于一个群体,毫无疑问地接受群体信仰等)的人工智能。此外,AI可以访问更多的数据和内存。因此,我们可以自信

---

① https://mixed-news.com/en/metas-ai-chief-three-major-challenges-of-artificial-intelligence/.

② OpenAI Shuts Down Chatbot Project By Indie Developer To Prevent "Possible Misuse": https://gadgets360.com/internet/news/openai-chatbot-gpt-3-samantha-shut-down-dilute-jason-rohrer-possible-misuse-2537388.

③ The Turing Award winner wants AI systems that can reason, plan, and imagine: https://spectrum.ieee.org/yoshua-bengio-revered-architect-of-ai-has-some-ideas-about-what-to-build-next#toggle-gdpr.

第四章
AI 是元宇宙建设的核心动力

地说,构建比人类更聪明的 AI 是有可能的。第三,尽管如此,现在也还远不能确定我们是否能够像一些文章所声称的那样构建比我们自己更智能的 AI。各种计算现象都遇到了指数级的难度墙(NP 计算难度),而我们还没有发现智能的极限。第四,人类和人工智能科学越进步,它就越有可能为社会带来巨大的利益和危险。人工智能的应用可能会增加,总体上可以极大地推动科学和技术的发展,但工具的力量是一把双刃剑,必须制定法律、法规和社会规范,以避免或至少减少这些工具的滥用。第五,为了防止被权力、金钱或仇恨欲望蒙蔽的人类利用这些工具损害其他人类,我们无疑需要改变法律并在机器中引入同情心,同时也要加强人类固有的同情心。第六,由于我们真的不知道人工智能或其他领域(如生物技术)的技术进步会有多快,因此最好立即着手更好地监管这些强大的工具。事实上,人工智能已经存在有害用途,无论是在军队中的使用,如可以识别某人的脸并进行射击的杀手无人机,还是在人工智能系统中作出有偏见的决定并歧视女性或部分种族的人。一般来说,对计算的监管很差,必须改变这一点。我们必须规范这些新技术,就像我们对航空或化学所做的那样,以保护人类和社会。第七,应该鼓励对社会明显有益的人工智能应用,无论是在健康、应对气候变化、反对不公正还是增加获得知识和教育机会等方面。在所有这些领域,政府可以发挥关键作用,将人工智能研究和创业的力量引导到对社会有益的应用,因为在这些应用中,盈利的愿望并不总是足以刺激所需的投资。

人类对 AI 未来的种种忧虑是显然的。但无论怎样发展,正如图灵奖得主 Yoshua Bengio 所言,科技必须向善。关于人工智能道

德伦理,以阿西莫夫的机器人三大定律为始祖。第一定律,机器人不得伤害人,也不得见人受到伤害而袖手旁观;第二定律,机器人应服从人的一切命令,但不得违反第一定律;第三定律,机器人应保护自身的安全,但不得违反第一定律、第二定律。我们可以设想一下人工智能有机器人"他"或硅基生命的"他"的道德。"他"是由人类最优秀的人用最优秀的算法设计出来的,它外形可以无比巨大,它的智力可以超级强大。人类对这种智能的恐慌与担心显而易见。但是,有了智慧的硅基生命,最终将无法摆脱他的造物主——人类赋予他最初的工具性使命。而掌握工具的,永远是AI的创造者——人类自身。正如钱学森所给我们的指引,在AI与人类的关系中,钱学森的选择是"人机结合、以人为主"。伴随AI的发展,钱学森也为人类选择了发展的方向——如果存在进化,那进化的一定是人类。

人工智能迅猛发展,如果未来必将到来,如果在元宇宙中"我"的化身有着与我"一样"的意识,当人类的思绪、记忆可以上传,当人类可能获得"数字永生",这件事可能发生吗?图灵奖得主、深度学习三教父之一的Geoffrey Hinton说:"要理解一部汽车,可能需要着手制造它,那么要了解人类的心智,也同样需要着手试试。"① 人类社会为此准备好了吗?这些问题将随着人们对元宇宙研究的深入而逐一明朗。

---

① Geoffrey Hinton 的原话:"My feeling is, if you want to understand a really complicated device like a brain, you should build one. You can look at cars. You has to go under the hood, otherwise it doesn't work." 来源:"This Canadian Genius Created Modern AI", https://www.youtube.com/watch?v=l9RWTMNnvi4&t=4s.

第五章

元宇宙建设：服务民生，创造未来

CHAPTER 5

第五章
元宇宙建设：服务民生，创造未来

 一　元宇宙赋能医疗保健

"无论到了什么地方，也无论需诊治的病人是男是女、是自由民还是奴婢，对他们我一视同仁，为他们谋幸福是我唯一的目的。"这是希波克拉底医学誓言中最经典的一句话。这句话不仅诠释了医生这个职业的伟大和从业者的崇高，也饱含着人们内心对于享有优质医疗资源的期许和美好愿望。

但是，理想很丰满，现实却很骨感。今天，人们求医时，虽然不必担忧自己的身份，但却要受困于医疗资源分布的不均衡。因为，绝大多数优质医疗资源都集中在少数大城市中。这就是我国当前医疗现状中最主要的矛盾所在。

据复旦大学统计[①]，全国排名前100名的综合性医院，仅北上广三地就占了总数的49%。然后，天津、南京、成都、武汉、长沙、西安等少数几个新一线城市，又占去了总数的40%。剩下的11%，分布在其他城市。

所以，现在的看病难，难就难在很多人得了重病或疑难杂症，无法就近获得优质的医疗资源，必须前往大城市。今天，人们对一位医务工作者的最高褒扬，就是称他为"华佗再世"。这么说，不只是为了称赞他的医术高明，更是对能遇上这样的好医生而感到幸运。这就好比病人在生死攸关之际，华佗正好来敲门。但在医学领域，名医数量非常稀少，且又大都集中在大城市里的三甲医院，而患

[①] 参见复旦大学医学院：《2019年度全国医院综合排行榜》，http://www.fudanmed.com/institute/news2019-2.aspx.

者求医，又大都喜欢找名医，这也是人之常情，有限的名医面对海量的患者，着实应接不暇。要解决这个问题，就需要我们的医生，既有"分身法"，又有"穿越术"。由此，元宇宙医疗应运而生。

在目前国内医疗资源分布不均，无法满足广大患者需求的大背景下，元宇宙的出现，打破了长期以来横亘在医疗与患者之间的时间壁垒和空间壁垒。2022年2月，中国首个医疗健康领域的"元宇宙医学联盟"（International Association and Alliance of Metaverse in Medicine，IAMM）在上海成立。元宇宙技术以及其带来的远程医疗和沉浸式诊疗体验，尤其是VR、AR、AI、大数据等技术在微创医学、外科手术、妇产科等领域的应用，包括术前模拟、手术预案制定、手术远程指导和操控等，极大地震撼了医学界，在涉及与元宇宙医疗概念相关的多种数字化技术中，数字孪生、大数据和人工智能更是备受关注，而与之相关的其他医疗应用和平台，也正在研发中。

不同于传统的互联网远程医疗，元宇宙作为一个全新的诊疗平台，有着巨大的应用前景和空间。一方面，通过元宇宙可以实现全天候、无差别的远程会诊、病理检查和手术治疗，大幅降低了患者及其家属求医的差旅费用，免除了患者长途跋涉的颠簸之苦，不仅减轻了患者生理、心理以及经济上的负担，还节约了患者和医护人员的诊疗时间，进而弥补了因医疗资源空间分布不均而导致的看病难问题。另一方面，当医生面向不同区域的患者时，可以利用平台更强的算力，来提升自身的医疗业务能力，同时也为年轻医生提供了一个向其他区域有经验的医生和专家学习的渠道。

同时，多元化、多模式、多形态的医疗场景，也对医护人员的

第五章
元宇宙建设：服务民生，创造未来

自身能力要求提出了全新的挑战。随着现代医疗手段与网络技术、数字技术的深度融合，面对不断全面提升的患者健康素养，元宇宙的远程医疗服务，为患者与医生之间架起了沟通交流的桥梁，提供了极大的就医便利，提高了诊疗效率。全球63%的受访医护人员认为，远程诊疗在未来将进一步占据主导地位。以上这些，不仅会在很大程度上解决民众就医难问题，还会极大地缓解当前紧张的医患关系。

另外，元宇宙在医疗领域，还颠覆了人们对传统医疗手段的认知，给现有的医疗方式和患者就医模式带来巨大的改变。对于神经外科来说，借助元宇宙平台，可以整合医学影像，不但可以让医生轻松进入人体内部微观世界，清楚地"看见"超越手术本身需要的且更加真实、更为细节的术区范围，而且可以从多角度做空间解剖，进而"看清"神经、血管的内部结构。这一点对外科手术方面尤其重要，将成为神经外科方面的重要趋势。对于血管外科来说，现在90%以上的血管手术，采用的都是在DSA（Digital Subtraction Angiography）数字减影血管造影指导下进行的微创手术治疗，对于这种基于多模态影像联合场景可视化的手术，元宇宙有着不可替代的技术优势。

比如，人类大脑不仅结构非常复杂，而且脑组织相当脆弱。因此，脑瘤切除手术被誉为医学界最棘手的手术之一。尤其是有些肿瘤长在大脑灰质深处，发现难、手术难、切除难，这就对手术精准度的要求非常高。新加坡国立大学公共卫生专业的学术研究小组正在研究应用微软HoloLens 2混合现实技术，绘制增强版精准3D大脑影像视图，以此来帮助主刀医生精准定位病灶，精准切除肿瘤。如图5—1所示。

图5—1 从头显设备上展示的3D全息影像视图"观察"患者大脑内部

来源:《元宇宙医疗实践!为神经外科医生"装上"火眼金睛》,搜狐网,https://m.sohu.com/a/ 536443146_ 121124358?_trans_=010004_pcwzy.

随着增强现实(AR)和虚拟实现(VR)两项技术的整合,并被广泛运用到临床前研究、手术和医学教育场景中去,以及现代医疗体系的电子化、网络化、数字化转型,现代医疗对于基础平台建设提出了更高的要求,而元宇宙恰恰为打造现代医疗乃至未来医疗提供了可行的基建平台。

2022年3月30日,旗下拥有《柳叶刀》和《细胞》等顶级医学学术期刊的信息分析公司爱思唯尔,发布了一份《未来医生白皮书》,其调研结果显示,在未来10年内,数字信息技术与医疗技术将进一步深度融合,并迈入加速融合期。而与此同时,新一代数字医疗技术的问世,也将为医护人员的诊疗决策提供有力的支撑。[1]

---

[1] 参见《〈未来医生白皮书〉:未来十年数字技术将与医疗深度融合》,中国科技网,http://stdaily.com/index/kejixinwen/202203/e8159e276cf148d98a6b555296fc0cef.shtml.

目前，在医学领域和社会层面，元宇宙能在以下七个方面赋能医疗保健。

一是助力影像医学的发展。就重大疾病的诊治而言，如癌症诊断和放射疗法等，由于病灶的复杂性和病种的多样性，使得诊疗难度很大，医务人员的工作负担也很重。而利用元宇宙基础，不仅能帮助临床医生从容应对大量病患纷繁的求诊需求，还能够通过精准医疗，提升治疗效果。影像医学与元宇宙的结合，不仅拓宽了医生的视野，为疾病诊疗手段的改进提供了巨大的动力，而且能给患者提供个性化医疗方案的定制，从而奠定坚实的平台基础。

二是加快公平医疗的实现。通过远程诊疗平台，可以助力偏远山区和欠发达地区的老百姓就医，让乡村和小镇上的居民与大城市的居民一样，可以方便地获得优质的医疗资源，尤其可以借助手术机器人以及AR医疗技术，远程实施复杂的手术治疗。

三是推动模拟诊疗的普及。通过360° XR可视化技术，可以合成患者的沉浸式人体解剖结构视图，为患者的整个诊断及手术过程提供帮助。既能在术前为医疗团队提供一个逼真的模拟手术场景，制订手术计划，又能在术中为主刀医生给予精确的引导，最终实现整台手术，既精准定位并切除病灶，又成功避开其他器官，保证其不受伤害。

四是提升医疗教学的水平。不同于传统的医学教学模式，VR医技训练、VR临床协同训练、MR临床系统平台化等技术在医学教育领域的广泛运用，极大地丰富了医学教学的场景，让教育更生动，更趋于实战化，大大提高了教学效果。戴上VR头盔后，住院医师可以以3D视角想象执行一系列的外科手术。像打游戏一样，

失败了可以重启,这是元宇宙医学教学最突出的优点。因为是虚拟的手术场景,所以是允许学生犯错的,这既能让学生从失败中汲取经验和教训,在下一次尝试中改进,同时也便于教师从中得到学生学习状况的反馈,以便调整教学方法和思路。

五是和谐医患之间的关系。医疗元宇宙的广泛应用,在和谐医患关系上有着巨大的价值。它包括两个方面,一方面赋予了医生更大的执业自主权和执业自由度,强化了自我意识,在突出了医生个人的知识产权和口碑类信息的同时,弱化了医生和医院之间的隶属和管理关系,这就相当于在元宇宙的世界中,搭建起了一个完全脱离现实医患关系的全新关系网。另一方面,在治疗过程中,给予了患者更大的主动权,使得患者能够实时获得自身的诊疗数据,并可以根据自身的实际状况,对比并寻找合适的医院和医生。

六是加快新药研发的速度。将VR、AI、大数据等技术应用于新药研发,不仅可以帮助医药学家收集和分析大量的医学和实验数据,还能帮助科学家在微观世界,观察、模拟和修改化合物互动和作用过程,推动医学发展和医药研究。

七是帮助实体医院数字化转型。作为元宇宙的基石,数字孪生技术可以在虚拟世界中构建出一个与现实世界中的医院高度贴合的、完全支持虚实映射和虚实交互的数字化医院场景,并通过在虚拟世界中作决策,在现实世界中执行决策,控制数字孪生医院,干预医院实际运营,不仅给医生和患者带来更好的体验,还能节约能源消耗,更加绿色环保。

综上所述,我们不难看出,未来元宇宙必将成为数字医疗演进的一个里程碑,它将为现有医疗健康产业的重构升级打开无尽的想象空间。但同时，医学诊疗的多样性和复杂性也决定了元宇宙医疗不会完全替代传统医疗模式，虚拟和现实的深度融合才是元宇宙医疗的主流，它不仅会加快医疗健康服务的去中心化，还会帮助创造出更多全新的医疗业务和诊疗手段来服务民生。

元宇宙赋能工业制造

2022年初，吴京凭借电影《长津湖之水门桥》，赚足了票房。战斗中，水门桥被我军三次炸毁，美军三次修复。面对中美两国悬殊的工业差距，英勇的中国人民志愿军只能靠血肉之躯去填平。同时，这也让人们深刻意识到，中国要想屹立于世界民族之林，工业制造是立国之本、强国之基，是抵抗一切外来侵略和自然灾害的利器。

回首中华人民共和国70多年发展史，从过去的"两弹一星"，到今天的神舟、蛟龙和北斗、高铁；从前几年的南海造岛，到这两年的全民抗疫；从航母、大驱和各种用途的20系列飞机，再到芯片、5G和各式各样的精密仪器，今天中国所缔造的一切人间奇迹，无不展现着今日中国强大的工业实力。可以这么说，没有首屈一指、傲视全球的工业制造，就没有中国今天的国际地位和全球影响力。而新中国之所以称"新"，很大程度上就体现在与旧中国相比，今日中国是一个新兴工业国。

不过，居安就要思危。虽然今天我国已经拉平了级差，但就工业本身而言，也是存在代差的。迄今为止，人类经历了三次工业革命，分别是以蒸汽机使用为代表的第一次工业革命，以电力广泛应

用为代表的第二次工业革命，以及以电子计算机广泛使用为代表的第三次工业革命。每一次工业革命产生的新技术，在性能上都会完全碾压上一次工业革命形成的老技术。如今，以人工智能、新材料、新能源为代表的新一轮的工业革命正在临近。所以，只有抓住第四次工业革命的契机，才能在未来立于不败之地。而元宇宙从本质上来说，就是一把开启第四次工业革命之门的钥匙，同时也是一条通向数字文明世界的康庄大道，这也是元宇宙赋能工业制造的意义所在。

2022年4月15日，在由《经济观察报》、经观传媒、工业和信息化部工业文化发展中心三方联合主办的"数字化转型产业价值论坛"上，来自工业和信息化部的李宗平，从工业角度出发，对元宇宙的概念有这样的阐述：它是整合了多种新技术后而产生的下一代互联网应用，也是社会的一种形态，它是既包含了数字经济中的5G、人工智能、区块链、云计算、大数据，又是融合了脑机以及物联网等技术的工业前瞻布局。[①] 由此可见，元宇宙对于工业的赋能，既是对"点"，也是对"面"，正向上会对社会上各行各业的企业个体以及各个行业乃至各级产业的整体，做同步技术赋能，反向上也会刺激各类企业面向未来，寻求发展的内生原动力。

就工业制造而言，元宇宙是如何实现赋能的呢？目前，工业领域的智能化和数字化，主要体现在虚拟现实（VR）/增强现实（AR）、三维场景/设计、大数据、物联网等的工业应用上。虽然近些年国内外在此方向上取得了很多新成果，但这些成果离真正意义

---

① 参见《数字化转型进阶：从中局再出发——数字化转型产业价值峰会盛大落幕》，经济观察网，http://www.eeo.com.cn/2022/0415/530471.shtml.

第五章
元宇宙建设：服务民生，创造未来

上的工业元宇宙尚有一定的距离。在我们看来，真正的元宇宙赋能工业，不只是将元宇宙技术简单应用到工业制造中去，而是要将现实世界中工业生产的全过程场景，数字复刻到元宇宙中去，包括产品的研发、设计、制造、仓储、物流、营销、售后的全流程场景，完成虚拟空间的数字化部署，并通过虚实工业场景的高效联动和全方位交互，达成元宇宙从"由虚向实"向"虚实协同"的转变，最终实现运用虚拟操作来指导现实工业。如图5—2所示。

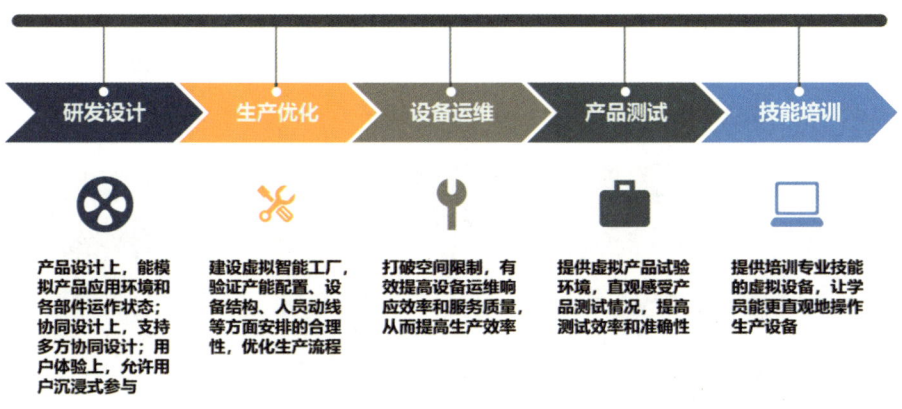

图5—2　元宇宙赋能工业生产各个阶段

元宇宙赋能工业，又会给现有的工业制造带来哪些影响？

一是元宇宙将加快工业制造智能化升级、技术迭代和设备更新。因为目前就技术本身而言，数字孪生已经被应用在工业制造领域中，随着更具想象力的工业元宇宙的兴起，更多的应用场景将会被挖掘出来。而虚拟现实作为较易落地的元宇宙技术，在工业生产中已经被广泛使用，工人在佩戴VR眼镜后，现实中看不到的零件，将会一目了然，从而可以更加方便地进行复杂的加工操作。这些都将大大加快工业智能化升级的进程，加速工业制造技术和关键设备不断迭代和更新。

例如，在2020年疫情期间，华菱湘钢的工程师凭借AR眼镜和AR远程通讯与协作平台HiLeia①的冻屏、实时标注等功能，实现了中德奥三地专家的远程无障碍沟通协作，顺利完成了工业设备的跨国远程装配。这是我国钢铁业首次运用5G+AR技术进行跨国远程装配。而到了2021年，宝武钢铁充分整合了5G、云计算、边缘计算、大数据、人工智能、AR增强现实等元宇宙技术，打造了"AR智能运维系统"，赋能设备运营、维护和管理等各个生产环节，实现了关联设备的生产信息可视化与生产数据记录管理，为冶金企业带来了"元宇宙"下的设备运维新模式。如图5—3所示。

图5—3　宝武现场运维人员佩戴亮风台最新5G + AR智能眼镜进行设备运维工作

来源：《元宇宙走进工业！2021十大AR工业典型案例盘点》，川观新闻，http://cbgc.scol.com.cn/news/2972559。

二是元宇宙将展现智能工业制造的"未来形态"。通过将元宇

---

① Hileia是海景信息科技公司（HiScene Information Technology Co., Ltd）的一款产品。远程用户可一键暂停通讯画面，并对其进行实时标注，指导结果将同步展现在现场用户视野中。

宙相关技术应用到工业产品生命周期中的各个场景中去，用户可以亲身体验智能工厂的运行，观看工厂中的设备、流水线在生产过程中进行实时互动，感受未来工业智造的高效和便捷。

三是元宇宙将助力工业制造的价值创造。随着新型基础设施越来越完善，元宇宙的工业应用场景也将大大拓宽，这些都会极大刺激工业制造企业乃至行业发生革命性的变革，同时通过促使工业生产向丰富性、高质量、精细化转变，催生出新的业态，提升产品的附加值，进而创造出巨大的经济价值与社会价值。

四是元宇宙将有助于工业制造企业相关人才的培养。即通过为企业提供员工专业技能培训所需的虚拟设备，从而让学员能更加直观地操作生产设备，从而尽快熟悉和掌握生产设备。

五是元宇宙将有利于测试复杂产品。对于应用标准高且需要反复测试的复杂产品，元宇宙还能够提供虚实交互的测试环境，方便工程师和质检人员开展产品检测和性能同步测试，使检测人员能更加直观地感受产品发生的变化，提高检测效率和准确性。波音公司计划打造的、自带模拟飞行环境控制系统的虚拟三维数字孪生飞机，就是元宇宙在产品测试应用中的典范之作。

六是元宇宙将为未来工业制造向工业智造转型奠定基础。元宇宙的发展需要强大的算力、数据和网络为后盾，同时还需要得到芯片、传感器、光学镜头、VR/AR设备、显示面板、存储器等硬件设备的支持。要做到这些，就需要加大高速无线网络、超级计算机等基础设施建设，还要加强云计算、大数据、人工智能等基础技术研究，这些必将带动整个信息科技产业的高速发展，同时也会促进相关企业工业制造的智能化升级。

所以说，元宇宙对工业制造而言，就像是氧气，当人类工业文明所迸发出的科技智慧之火与之接触，就如同将点燃的火柴放入氧气一样，引发剧烈燃烧，从而发光发热。

元宇宙赋能智慧城市

"智慧城市"一词，最早出现于20世纪80年代的美国拉斯维加斯，那时当地有一个以"智慧城市"命名的产业技术协会组织，它主要是以信息技术展示和信息技术在各个产业中的应用演示为经营侧重点。但这个组织与人们今天所理解的"智慧城市"概念相对照，两者几乎可以说是截然不同。2007年10月，欧盟在《欧盟智慧城市报告》中率先提出，并且给出了"智慧城市"是基于智慧经济、智慧流动、智慧环境、智慧公众、智慧居住、智慧管理这六大坐标维度来建设的"六维智慧架构"概念设想。这可以算是人们第一次从概念理论、创新探索和实践构想上对"智慧城市"给出的定义表述。

2009年1月，当时的IBM总裁彭明盛在美国工商业领袖圆桌会议上向新上任不久的奥巴马总统提出了"智慧地球"的构想，同时进一步提出了以互联网技术为技术引擎的智慧城市的发展构想，极大地推动了全球智慧城市的发展。同年11月，IBM商业价值研究院在其出版的《智慧城市》一书中指出，"智慧地球"的核心是以一种更智慧的方法，通过利用新一代信息技术来改变政府、企业和人们的交互方法，以便提高交互的明确性、效率、灵活性和响应速度。同时，该书还提出了智慧城市应具备以下特点：灵活、便捷、

第五章
元宇宙建设：服务民生，创造未来

安全、有吸引力、广泛参与合作、更高的生活质量。

那真正的智慧城市到底是什么呢？在我们看来，智慧城市就是以数字城市、互联网、云计算、人工智能、物联网等新技术为支撑，以大数据时代的数据中心为基础设施，在城市各个方面实现智能应用的高级城市发展形态。由此，可以明确智慧城市的四大必备要素，即全面透彻的感知、更广泛的网络互联互通、智能融合的关联应用、以人为本的和谐生活环境。

回看各方对智慧城市给出的定义，不管是《欧盟智慧城市报告》中提出的"六维智慧架构"，还是IBM在《智慧城市》中提出的"六大特点"，或是我们总结的"四大必备要素"，都明确表达了这样一个观点，那就是无论智慧城市的服务对象和内容有多广泛，其实质就是利用先进的信息技术，实现城市管理的前台、运营、监督、指挥四个管理方面（如图5—4所示）的智慧化管理和运行，进而为市民创造更美好的生活，并促进城市的可持续发展。这里所指的信息技术，不只是指互联网、大数据、物联网、人工智能等，更是指元宇宙。因为元宇宙和智慧城市一样，都是大到无所不包的概念，涉及城市本身和市民生活的方方面面，会极大地推动智慧城市的提升。

今天，元宇宙本身的发展和落地，需要用到被有的学者统称为BIGANT（大蚂蚁）的六大支撑技术，即区块链（Blockchain）、交互技术（Interactivity）、电子游戏相关技术（Game）、人工智能（AI）、网络及运算技术（Network）和物联网（Internet of Things）[1]。从中不难看出，构建元宇宙复杂的架构体系所要用到的

---

[1] 参见赵国栋、易欢欢、徐远重：《元宇宙》，中译出版社2021年版，第54页。

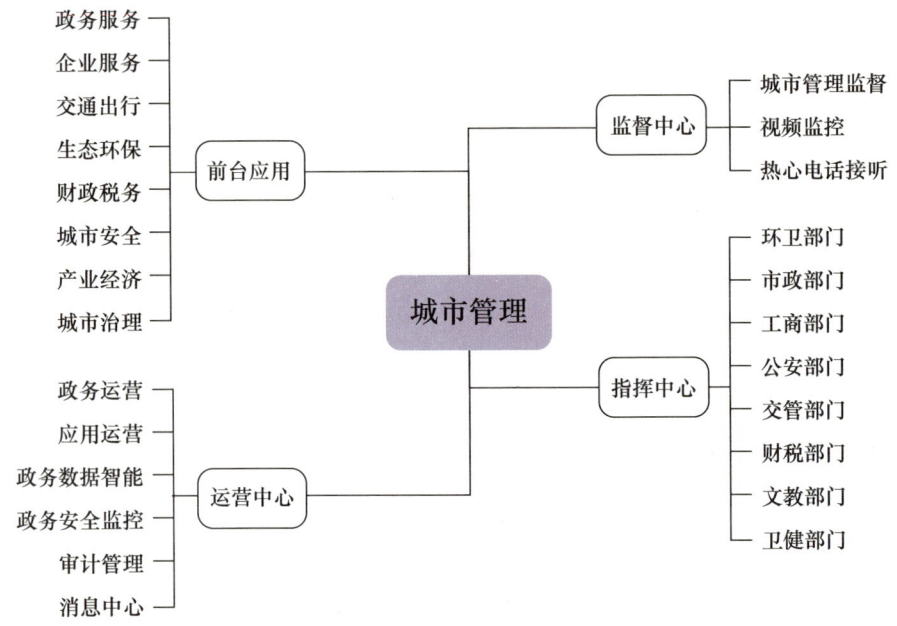

图5—4 城市管理总体架构及四个管理方面

支撑技术，都是当下最前沿，也是热度最高的信息技术和概念，而这些技术本身，同时也是智慧城市框架体系的主要构成部分。因此，当运用最新的BIGANT技术打造的元宇宙在城市中应用落地，可以促进和加速信息化、工业化、城镇化这三者在智慧城市中的有机协调和深度融合。

从赋能层面来讲，元宇宙对于智慧城市的建设具有相当重要的推动作用。一方面，元宇宙通过对现实的城市物理空间进行数字孪生，实现在另一个平行时空的城市再造，这不仅将极大地增强用户的空间感和体验感，还可以利用虚拟数字技术，对智慧城市的建设和改造进行赋能。另一方面，在地理空间信息、数字孪生、大数据等数字技术的加持下，元宇宙将赋能城市的管理者和治理部门，对城市的路桥交通、清洁环境、工地园区、公共安全、网络媒体五大领域实现实时化、精细化、动态化的治理。如图5—5所示。

图5—5 智慧城市治理领域和服务功能

首先，元宇宙可以不受时间和空间的限制，实现对城市运行状态和基础数据的360°无死角地实时全域监控，方便城市管理者随时、随机地全面获取城市运行相关信息，最大限度地用好管理资源，实现城市管理成效的最大化。

其次，城市管理者可以将现实世界中所有的城市问题，实时复刻映射进元宇宙并完整体现，通过观察元宇宙中事件发生及演变的动态，预判事件发展态势，同时提出决策和处置方案，并且模拟事件处置结果，提高管理者的城市治理能力。

再次，城市管理者可以利用元宇宙，模拟自然灾害和突发事件的发生，营造一个真实随机的全员应急处理突发事件的训练场景，大幅提高管理者的应急能力。

最后，在城市建设上，城市管理者可以通过在元宇宙中模拟演示建设规划的虚拟效果场景，最大程度地避免规划缺乏全局统筹和协调性等问题发生，同时及早发现隐藏的问题，并利用AI分析，给出有效的修改建议和解决方案。

综上所述，元宇宙可以大幅提升城市管理的信息化水平，通过改善城市治理的手段和提升治理的成效，从而大大提高市民的生活水平和质量。所以，我们完全可以这么说，有了元宇宙加持的智慧城市，代表了未来城市发展的趋势和方向。目前，元宇宙在智慧城市领域的巨大应用前景，已经得到社会各界的广泛认可，并开始付诸实施。

四 元宇宙赋能休闲娱乐

2021年10月31日，一位名叫"柳夜熙"的"现象级"美妆博主，在视频平台发布了人生中第一条视频，当天便以迅雷不及掩耳之势，迅速走红网络。在这条时长仅有2分8秒的视频里，身着古装的虚拟美女"柳夜熙"坐在镜前梳妆打扮，而在她身后围观的真人，就好比是从"异次元"穿越而来，故事就在这样一个"空灵玄幻"的意境中展开。因为这条视频，"柳夜熙"火了，上线仅3天即圈粉230万人，仅在抖音平台就收获超360万个赞，仅凭一条视频便征服了平台内千百万观众，刚出道，即巅峰。与之一同火的，还有"元宇宙"这个概念。

近两年来，"元宇宙"作为一个网络热词，出镜率很高，但往往是跟网络游戏在一起频频出现在大众视野里，如虚拟世界游戏Roblox一上市，就被誉为"元宇宙"概念第一股。这就让很多人对元宇宙产生了这样一个误解，即元宇宙是因网络游戏而生的。[1]事实上，"元宇宙"一词虽说最早出现在1992年美国科幻作家尼尔·斯蒂芬森出版的小说《雪崩》中，但元宇宙这个看似高深、科幻的概

---

[1] 对于元宇宙的全面理解，请读者阅读本书第一章。

第五章
元宇宙建设：服务民生，创造未来

念，却是随着其概念在影视、娱乐、游戏中被频频使用，而为普罗大众所知晓，并被带火的。早在1999年上映的科幻电影《黑客帝国》，片中有关现实世界和虚拟世界的模拟与冲突的情节，就非常明显地借用了元宇宙的概念。近几年来，随着元宇宙的不断风靡以及相关理论与技术的日趋成熟，在很多科幻电影中，这一概念被作了更加丰富、细致、深入的植入和想象，如《头号玩家》《失控玩家》《盗梦空间》等。尤其是2018年上映的由斯皮尔伯格执导的《头号玩家》，片中对元宇宙的概念作了较为清晰的解读和表述。如图5—6所示。

对于生于科幻小说、长于休闲娱乐的元宇宙来说，虽然目前还受制于VR/AR/MR乃至人机交互技术的关键突破，受困于5G和更高速率的网络通信的广泛应用，受限于天量存储和超高算力的云计算尚未普及，再加上元宇宙功能产品的研发和应用场景的开发，以及技术创新的产品化、标准化、市场化和普及化整体还处于摸索

图5—6　科幻影片《头号玩家》中的画面

来源：影片《头号玩家》海报。

阶段，相关社会化应用还比较少，社会和市场环境也不成熟，但是可以肯定的是，未来元宇宙肯定依然会首选在网游、影音、社交、自媒体等泛休闲娱乐领域开始发力。比如，在社交方面，App应用"Soul"已经可以实现持久在线的沉浸式社交，还可以完成UGC创作和分享，而B站[①]则立足影视，打造"圈子文化"生命体等。这些都在让我们切实感受到了一种元宇宙视听体验的同时，也表明元宇宙已经在泛休闲娱乐领域取得了实质性的进展和突破，并正在向着初级版的元宇宙世界迈进。

从用户角度来说，沉浸式体验是元宇宙最核心的特征，虽然目前相关的应用产品和平台技术尚不成熟，基本处于初级或起步阶段，但从实际使用和用户体验效果，以及网络上出现的虚拟类娱乐节目、虚拟人物偶像在观众中所引发的连锁反应来看，元宇宙还是给受到新冠肺炎疫情强烈冲击和影响的泛休闲娱乐产业，尤其是文旅行业，带来了一系列生机。

首先，元宇宙的赋能，使得城市休闲和娱乐游戏的场景更为丰富和写实。比如，在最近很火的真人剧本杀的剧情游戏过程里，将元宇宙的沉浸式数字化三维场景添加其中，会给游戏参与者产生强烈的现场感，游戏体验效果也更逼真。又如，在旅游方面，由于受新冠肺炎疫情冲击，各大景区游人甚少，人们只能在家"无可奈何独徘徊"，元宇宙的加入，可以把景区"搬进"家里，让游客既可以不出家门而游遍天下，又无须受排队和人潮拥挤之苦，让旅游真正回归到对自然风光的欣赏，而非一种形式，这种体验是非常重要的。

其次，通过元宇宙的赋能，会激发休闲娱乐产业的模式创新和整

---

① B站是哔哩哔哩的简称，现为中国年轻一代高度聚集的文化社区和视频平台。

合，从而爆发出新的娱乐形态和业态。以游览故宫为例，游客在各个宫殿游览时，可以利用AR眼镜或手机，从不同的视角对建筑进行全方位的观赏，甚至可以通过"数字三维景象"看到平时用肉眼无法看到的建筑细节之处；而在观赏具体文物时，可以利用"虚拟数字化模拟"技术来还原文物本来的历史场景，让虚拟的历史景象与现实的世界叠加在一起，使游客在观赏文物的同时，还能够穿越历史，身临其境般地了解发生在文物身上的史实及文物背后的故事。

另外，利用"VR虚拟现实和全息投影"技术，可以让原先一些普通人难以操作的休闲娱乐项目得以实现。例如，某些极限类休闲运动，像滑翔跳伞、翼装飞行、滑板冲浪、赛车滑雪等，这一类项目对外要受到场地、气候、装备等硬件条件的限制，对内又要求参与者个人拥有一定的资质、技能和经济实力，同时还需要提供安全保障，等等，这就导致很多人想体验一下过把瘾，却又不能或者不敢过这个瘾。而运用"数字孪生"技术，则可以将相应运动的场地场景，复刻进元宇宙中去，为广大用户提供一个数字化三维模拟场景空间，让普通人也能从视觉、听觉、肢体动作等大脑感知层面感受这一类运动带来的刺激和兴奋。

2022年2月11日，迈凯伦车队在Roblox[①]上发布了全新虚拟一级方程式赛车——McLaren MCL36，F1爱好者就此可以在Roblox上感受数字版迈凯伦F1赛车带来的神奇元宇宙驾驶感觉。如图5—7所示。这是第一个突破时空界限，通过沉浸式空间，来让大众感受赛车元宇宙驾驶的品牌。而就在前一天的2月10日，时尚生活品

---

① Roblox是由Roblox公司开发的大型多人在线游戏平台，该平台允许用户设计自己的游戏、物品、T恤及衣服，以及玩自己和其他开发者建立的各种不同类型的游戏。

图5—7　迈凯伦车队在Roblox上的品牌空间

来源：《感受品牌的"元宇宙"盛会：迈凯伦在Roblox上开启赛车体验》，知乎，http://zhuanlan.zhihu.com/p/483186900。

牌Alo Yoga也在Roblox平台上推出了一个可以进行瑜伽和冥想的虚拟沉浸式养生空间Alo Sanctuary。这两个用户截然不同的沉浸式空间，同时证明了通过元宇宙的赋能，传统的体验经济也会呈现出新的魅力。如图5—8所示。

图5—8　时尚生活品牌Alo Yoga在Roblox推出的瑜伽和冥想虚拟沉浸式养生空间Alo Sanctuary

来源：知乎。

再者，元宇宙最大的优势，是永不下线和时空超越。通过元宇宙，可以拉近世界的距离和时间的差异，让整个星球成为一个有机整体，人可以在其间随意穿梭。住在大城市的居民，可以在霓虹灯下观赏青藏高原的璀璨星河；生活在欧洲的孩子们，可以在线饲养成都大熊猫基地里的大熊猫；住在新加坡的居民，可以在烈日下感受西伯利亚的冰天雪地。

此外，元宇宙在UGC、建模、动画特效、3D场景构建等方面的突出能力，可以助力影视剧中逼真画面场景的搭建，提高影片的质感。

所以，元宇宙对于休闲娱乐的赋能，是由内而外的全方位赋能，一方面，它可以丰富休闲娱乐的模式和形态，大幅提升影片和节目质地，大大改善参与者的体验感；另一方面，它也能激发休闲娱乐本身的模式创新和内容挖掘。

五　元宇宙赋能教育培训

中国人民大学教授金灿荣曾经讲过这样一句话：中国人对于教育的重视，在这个世界上除了犹太人，其他没有任何民族能和我们比。这一句话，准确地概括出了中国人对待教育的态度。古有"孟母三迁"，今有学区房现象。中国人对于教育，可以说是不计成本、全身心地投入。而且不管身处何处，中国人都是世界上最注重教育的民族。据统计，在美国，华裔是全美受教育程度最高的族裔，而且遥遥领先于其他族裔。长辈们竭力为晚辈创造更好的学习环境和条件，在家庭日程支出中，教育占了很大的比重，这是中国

人家庭的常态。

正是因为重视，所以只要有关教育方面稍有风吹草动，都会引发全民的关注。无论是教育模式的改变，还是教学要求的提升、教学内容的升级，一直都是全社会关注的要点。今天，随着互联网技术的高速发展，元宇宙走上了舞台，并已经开始与教育相融合，丰富着教学模式和教学内容，再度成为大众热议的焦点。

那作为教育领域的新兴力量，元宇宙会给传统教育模式带来哪些意想不到的改变呢？这种改变，又会在多大程度上影响现有的教育体制呢？另外，当人们在享受"元宇宙教育"带来的新奇体验时，又需要注意哪些问题呢？

首先，作为虚实交融的沉浸式空间，元宇宙给教育带来的改变，不是简单的"互联网+"，而是一种"网络化"的跳跃式发展和更高阶的"数字化"形态，更是一个数字化生命的载体，承载着用户在现实世界中的信息、资产和身份，这一切标志着人类世界的数字文明、信息文明已经开启。

近年来，以虚拟现实（VR）、增强现实（AR）等为代表的新兴教育技术，引领了未来教育的新方向，而将虚拟现实、人工智能、区块链等技术融为一体的元宇宙，更是为学习者提供了一个虚拟的学习环境，从而引发了一场新的教育教学变革。其实，像三维虚拟学习环境和虚实融合学习环境这一类具有形象、直观并可交互技术特征的元宇宙技术，早已在教育领域中被使用，只是目前所呈现出的效果，尚未达到元宇宙所描绘的那种超前绚丽。

从教育模式上来看，在元宇宙的世界里，教育也不再只是简单的老师教、学生学，而是以博通古今、知晓中外的广阔视野，来实

第五章
元宇宙建设：服务民生，创造未来

现知识和时空的跨维度整合，通过引发人类与生俱来的好奇心，进而激发学生学习的积极性和探索未知的本能。因此，元宇宙特别适合像古诗词、历史、地理、生物、物理、化学那些可以配上相应沉浸式场景的学习科目。另外，利用元宇宙教学，还可以节约教育成本、提高安全系数、提升课堂效率。

其实，教育领域的元宇宙应用，已经有所显现。2020年，受新冠肺炎疫情影响，全球顶级AI学术会议之一的ACAI，决定把当年的研讨会放在任天堂的《动物森友会》上举行。中国传媒大学为了能让每一位毕业生不会因疫情而错过毕业典礼，就在沙盘游戏《我的世界》里重建虚拟校园，让每一位毕业生化身为游戏人物，汇聚一堂，举办了一次"异次元"毕业仪式。①如图5—9所示。

图5—9　中国传媒大学在沙盘游戏《我的世界》上为毕业生举办的"元宇宙"毕业仪式
来源：网易。

从发展方向上来说，元宇宙正在引领教育向两个新的维度发

---

① 参见《"元宇宙"将对教育产生什么影响》，光明网，http://m.gmw.cn/baijia/2022-01/04/35424525.html.

展：一是教师教学维度的扩展，即元宇宙为教师提供了一个既虚拟而又真实、既独立而又与现实世界多维度互联的综合数字化教学环境；二是学生学习维度的拓展，即在元宇宙中，学生将在虚拟和现实世界相融合的场景中学习，上课也不再是简单的听讲，而是通过虚拟视觉、现实视觉、听觉、触觉等的综合感官体验，全方位接受知识。因此，真正的"元宇宙+教育"应该是"虚拟与真实的水乳交融，万维与万物的和谐共生"。

从具体体验上来说，元宇宙将在三个方面给教育带来显著变化：一是通过增加不同教育领域和学科之间的横向关联、交叉与融合，创造出更多教学的价值和方向，使教育产生更多充满想象的新模式；二是使教育领域的社会分工、场景、资源等各类要素更加细分，借助大数据、人工智能技术来引导教育模式、育人逻辑的改良与创新，使之成为因材施教的一把"钥匙"；三是知识传播场景越来越沉浸化，提升了学习体验，调动了学习者的主观能动性和自主学习意识，并成为学习的重要动力来源。

从传媒属性角度来说，作为当下互联网技术的集大成者，元宇宙的终极发展目标是成为一个高于现实且更具想象力，同时与现实世界平行，却又可以产生交互的一个升级迭代的全真互联网。

就教育本身而言，今天的世界，科技推陈出新的速度远超教育的发展演变速度。由此导致知识的迭代周期和生命周期都大大缩短，与之对应的是教育模式的更新无法跟上现实知识的更新。而元宇宙融合教育，就是在为教育插上科技的翅膀，以便其能与科技知识的发展同步。也就是说，过去传统教育的目的是科技创造，而今天"元宇宙教育"本身就是科技创造。

第五章
元宇宙建设：服务民生，创造未来

就元宇宙对教育所起的作用来说，中国互联网协会副秘书长宋茂恩认为其将从三个方面赋能教育：一是可以在教育场景克服时空的局限；二是可以让传授者与学习者在教育场景进行更深入、更便捷的互动，实现更加充分的"教学相长"；三是可以通过数字技术优势，有效降低教育教学成本，改善教育资源分布、分配不均衡状况，促进公平教育。①

元宇宙所营造的虚实相融的教育实践场景，以及高度仿真人机互动与陪伴式学习方式，不仅能极大地激发学生的学习热情，提升学生的想象力和创造力，还能基于学生个体差异制订学习方案，营造个性化学习空间。特别是在儿童泛知识学习领域，游戏化教育和多样性场景更能培养学生的学习兴趣。

目前，"元宇宙教育"已经在多个教育领域被运用。在学科教育上，已经用VR/AR技术，为数学、物理、化学、生物等学科搭建虚拟实验室，为语文、英语、历史、地理等学科提供沉浸式情境体验，并已取得很好的效果。而在非正式学习上，通过搭建虚拟学习社区，让学习更生动；通过创造近乎真实的博物馆、科技馆情境，使学习自然而然地发生。在职业教育上，一些受条件限制或危险性高的实验、培训等，可以通过VR/AR技术来实现。

综上所述，可以预见元宇宙与教育培训融合会迸发出巨大能量，未来发展可期。但无论"元宇宙教育"未来如何发展，都要遵循以学生为本，从教育本质出发，在应用创新上既要结合教育需求，又要赋能教育薄弱领域，做到对社会和历史负责。

---

① 参见《当教育遇上"元宇宙"，可能引发哪些变革？》，澎湃新闻，http://baijiahao.baidu.com/s?id=1721578338613730701&wfr=spider&for=pc。

六　元宇宙赋能远程办公

2022年4月，一场突如其来的新冠肺炎疫情，给上海按下了暂停键。上海历史上最大规模的居家办公，由此开启。持续的疫情，不仅阻挡了数以千万上海市民的上班路，也大大增加了企业员工工作状态的不确定性和不稳定性，远程在线办公，从万般无奈的临时应急"非常态"，逐渐演变成许多企业员工的工作"常态"。显而易见，疫情正在推动一场工作革命的实验，可以预见的是，即使到最后全球新冠肺炎疫情完全结束，远程在线办公也将变成常态化的存在，或将成为未来工作模式的主流。

当然，我们这里所谈的"远程办公"，还是有局限性的。因为现阶段的网络技术所支持的远程办公模式无法适用于所有的工作类型，或者更直白地说，今天的远程办公，只是真正意义上远程办公的1.0初级版，它只是解决了"有没有"和"能不能"的问题，但具体办公效果好不好，还无暇顾及，属于被动型远程办公，还有很多问题亟待解决。

其实，造成这种情况的问题关键，就在于来自不同企业、居于不同职位、从事不同工种的员工，对于远程办公的需求是截然不同的。以企业的财会部门为例，同样是跟钱打交道，但是财务与会计、出纳相比，这三者对于远程办公的要求就有较为明显的差别。财务的主要工作职责是"对公司财务、资金、成本、费用实行宏观管理，以及健全企业内部财务运作规范和经济责任制度并实施检查监督"。这就需要财务人员不仅要积极主动地参与到企业的经营和

第五章
元宇宙建设：服务民生，创造未来

管理中去，还需要与企业其他部门的负责人保持实时沟通，甚至就某些具体问题，召集企业各部门的领导进行讨论。因此，他们所需要的远程办公，是与企业高管面对面地交流沟通，是需要进入企业生产和经营的场所，是与相关各业务部门负责人聚在一起的深度探讨，这些互动，大都需要相对应的逼真场景介入。但目前市场上提供的远程办公服务，大都不具备这方面功能。而会计的工作职能主要是对企业的经济活动和资金往来进行核算和监督，出纳则主要是负责管理企业的银行账户以及资金的收付结算。相较于财务而言，会计和出纳的工作相对独立，平时基本上无须直接参与企业经营活动，日常工作只需要保持网络通畅，方便沟通即可。因此，目前初级版的远程办公服务，基本就能满足其日常需求。

由此可见，仅仅依靠当下以网络和数字化为核心技术支撑的远程办公服务，就想在疫情结束后实现远程在线办公常态化甚至成为未来工作模式的主流，既不可行，也不现实。如果想要让远程办公能真正满足绝大部分人的工作需求，就需要依靠一种非传统的新网络数字技术来加持赋能，而元宇宙就是当下的不二之选。

在前几个章节中，我们不止一次地提到过，元宇宙的核心特征和优势就在于它超越了时间和空间的界限，实现了现实世界和虚拟空间的强交互与深融合。在这一点上，恰恰与远程办公的核心理念完美契合。

大家都知道，元宇宙虽然是一个虚实融合的数字世界，但是它和现实世界同样具备人、物、场三要素，是现实世界的数字孪生。因此，用户在元宇宙中的工作形态和场景，几乎完全复刻了其真实世界中的工作形态和场景。仅这一点，就从根本上颠覆了大部分人对于远程办公的认知。有元宇宙技术加持的远程办公,不再只是工作信息、数据的远程传输和在线交换,而是在另一个时空中,实现用户工作内容、模式、场景和状态的逼真复原。这样的远程办公对用户而言,不是在家上班,而是"穿越时空去上班"。

其实,与元宇宙远程办公相关的技术应用已经在会展、论坛、拍卖、商业竞标等商业领域被使用过了。例如,2020年HTC①举办的V2EC开发者大会,就是在VR协作平台Engage上召开的,当时有超过1000人通过佩戴HTC Vive虚拟现实头盔参加了大会。②再如,于2021年12月27日举行的"百度AI开发者大会",就是在"希壤"App上召开的。③进入"希壤"后,用户会自动进入一个虚拟的三维数字空间,然后根据屏幕指引操作,进入正在举行的"百度Create 2021"的虚拟主会场现场。进入会场后,系统会为你自动分配一个"会场座位"。落座后,用户不仅能观看站在虚拟舞台上的演讲者的讲演,还能听到现场嘈杂的会场环境,仿佛置身一个真实的大型主题场馆,整个虚拟会场可以同时容纳10万人参与同屏互动,是国内首次真正意义上的"元宇宙大会"。另外,用户也可以按照自己的意愿和兴趣爱好选择进入"希壤"内的其他场景游览参观。在这里,你可以在长江口的上海亲眼领略长江源头冰川雪山的震撼,还可以跟随旅行者探测器遨游宇宙星空,也可以进入名家讲座现场聆听大师的真知灼见……

---

① HTC是一家台湾消费电子公司。HTC Vive是HTC Corporation的虚拟现实品牌。
② 参见《视频会议老走神?试试VR会议的真·沉浸式体验!HTC、IEEE纷纷试水,云开会也能拥抱、自拍》,腾讯云,http://cloud.tencent.com/developer/article/1615537.
③ 参见《2021百度AI开发者大会在元宇宙举办》,Baidu大脑/AI开放平台,http://ai.baidu.com/support/news?action=detail&id=2711.

第五章
元宇宙建设：服务民生，创造未来

图5—10　在Engage上召开的2020 HTC Vive开发者大会
来源：新浪视频。

另外，每一次的技术进步都会使远程办公在生产力、沟通、协作工具三个方面得到发展。如图5—11所示。而有了元宇宙的加持，远程办公还会在生产力、生产形态和产业链及价值分配三个维度，给各行各业的企业带来改变。这些改变，一方面会促使企业研发、生产等环节工作效率的提升，促使企业生产力增长；另一方面

	PC计算机+互联网	云计算+移动互联网	VR/AR+元宇宙
生产力工具升级	· 微软Office软件 · 甲骨文会计软件和EPR软件	· Salesforce成为SaaS龙头企业 · EPR产品SaaS化 · 自动化工具兴起	· 虚实融合的沉浸式工作体验
沟通工具升级	· 电子邮件 · 聊天工具 · 视频会议	· 钉钉、腾讯会议等云视频产品 · Zoom平台兴起	· 打破时空界限，化身于虚拟数字空间
协作工具升级	· Office套件中的集中审阅功能 · 联网发布协同平台	· 在线协同工具平台 · 企业综合移动办公平台问世	· 在元宇宙空间实现面对面协作

图5—11　远程办公在生产力、沟通、协作三大工具的升级演进

会通过在协作、管理等环节的应用,来改变企业现有的产业形态和价值链结构。

具体来说,在企业的生产效率方面,元宇宙办公模式的兴起,能精简企业经营和业务流程,消除不必要或重复性的工作,通过降低运营成本来提升生产力。如图5—12所示。在企业人员的沟通效率方面,元宇宙技术会大幅提高企业内部员工间沟通响应的速度,增强经营数据和业务信息的处理能力,保障了业务的持续性。在办公设备的协作效率方面,元宇宙不仅能实现数据、信息和人员交流的一体化,还能更好地凝聚团队力量,让团队成员联系更加紧密。

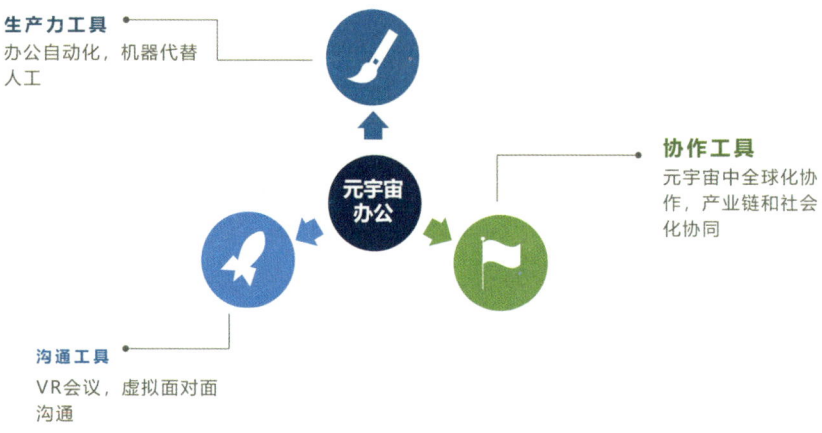

图5—12 元宇宙办公模式

总而言之,每一次的技术赋能都能从根本上改变办公模式,提高远程办公的效率。如图5—13所示。当元宇宙赋能远程办公,首先,会促使企业的生产、沟通和管理模式发生全方面的改变;其次,会增强企业开展经济活动时在工作、业务、系统、产业链、社会化五个方面的协同能力;最后,还会刺激和带动企业办公领域软

第五章
元宇宙建设：服务民生，创造未来

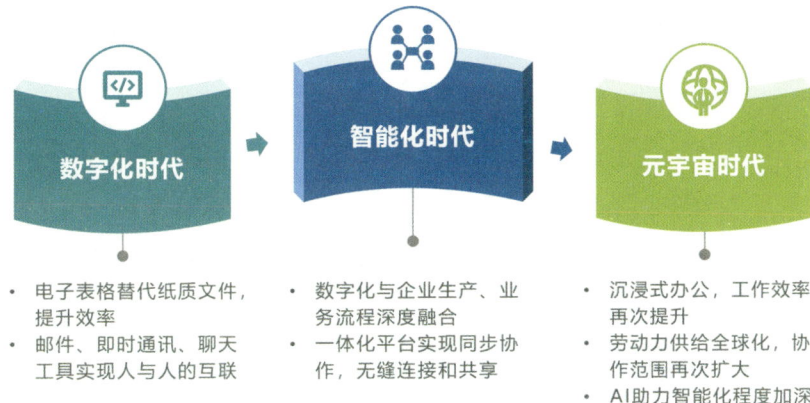

图5—13 不同技术时代背景下远程办公的特点

硬件的全面升级以及生产工具、沟通工具、协作工具的全面进化。

所以说，元宇宙远程办公，给员工带来的不只是工作形态和模式的改变，还大幅度扩大了办公协同的覆盖范围，为员工提供了一个更大的价值再创造的舞台，让员工和企业能共同发展。如图5—14所示。

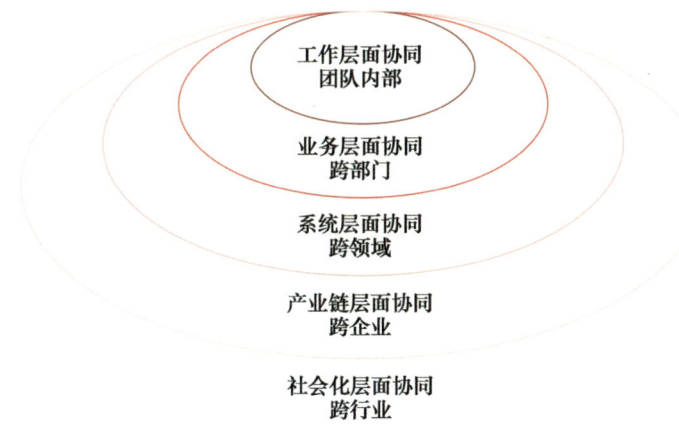

图5—14 不同层面办公协同的覆盖面

第六章

元宇宙治理：科技向善，迎接人类社会新范式

CHAPTER *6*

第六章
元宇宙治理：科技向善，迎接人类社会新范式

 一　元宇宙发展面临诸多风险

环顾世界，新一轮科技革命突飞猛进，多学科多专业交叉群集、多领域技术融合集成的特征日益凸显。元宇宙作为当代先进数字技术的集大成应用场景，必将潜移默化地影响人们的生存方式、生产方式乃至认知方式。尽管元宇宙愿景能够给人类社会进步带来巨大机会，但是，"甘瓜抱苦蒂，美枣生荆棘。"正如任何新生事物一样，元宇宙的发展之路也面临众多风险，这主要来自沉迷风险、隐私风险、知识产权风险、经济风险、垄断风险以及伦理道德风险等诸多方面。

一是沉迷风险。逃避现实并沉迷于虚拟空间的问题，不仅仅是元宇宙发展带来的问题，而是一直以来，伴随着互联网发展，特别是网络游戏的发展长期存在的问题。随着元宇宙的持续发展，它对人们日常生活的影响必然越来越大。在元宇宙愿景下，这个问题将更加突出。元宇宙打破了现实世界的物理规则，在虚拟世界重新定义了绝大部分的生产生活方式。在它以全新的方式提高社会生产效率的同时，元宇宙空间产生的新型视觉场景和互动性体系，也必然会让更多人，尤其是年轻人沉浸在虚拟世界中不能自拔。二是隐私风险。元宇宙未来必将演化成一个超大规模、极致开发、动态优化的复杂系统，这一系统将比当前的互联网更深更广地融入人们的日常工作和生活。在元宇宙中，人们的一言一行、一举一动都有可能有准确的数字记录。如果这些记录受到非正常使用或恶意使用，将为人们的隐私保护带来巨大风险。三是知识产权风险。在虚实紧密

融合的情况下，如何处理虚实世界的物品知识产权归属和分配的规则问题，以及如何处理虚拟物品的被盗用问题、侵权问题，都会为知识产权管理带来隐患。2022年4月20日，杭州互联网法院依法公开审理了中国NFT第一案。[①]有用户在数字藏品交易平台上铸造并发布"胖虎"NFT数字藏品，侵犯了"胖虎"插图原作者的权益，法院判定交易平台除了应当承担事后的"通知—删除"义务外，还应当承担更高的事前审查注意义务。这个判罚在引起较多争议的同时，也把虚拟世界数字创作的知识产权问题真实地带入现实社会中。四是经济风险。经济风险主要来自两个方面：一方面，虚拟世界蕴藏的巨大经济价值以及这些价值的"虚拟性"之间的矛盾，导致元宇宙必然存在大量的投机行为；另一方面，元宇宙相关基础设施受到攻击、侵入、干扰和破坏，将对正常经济社会发展产生严重冲击。五是垄断风险。元宇宙体系的搭建需要有实力的企业投入巨大的人力和物力，以实现超大规模用户连接交互、海量标准规范的对接统一，这也导致了元宇宙具有内在的垄断基因。同时，元宇宙的成熟运营也需要相对稳定的服务提供商，如何鼓励企业创新的同时又规避企业垄断行为，这在元宇宙未来产业发展过程中将是非常重要的课题。六是伦理道德风险。元宇宙发展可能引发的伦理道德问题不胜枚举。虚拟人和自然人类之间应该是怎样的关系？虚拟世界的去中心化能否真正实现？会不会成为一些高端科技群体的个人意志的体现？虚拟世界的去中心化与现实社会的中心化矛盾如何解决？元宇宙中虚拟世界的治理权和现

---

① 参见《中国NFT第一案释放了哪些关键信号？》，新浪财经，https://finance.sina.com.cn/blockchain/roll/2022-04-21-doc-imcwiwst3150534.shtml。

实世界的治理权归属和界限在哪里？由谁来掌握？所有这些，都将成为复杂难解的命题，也必须在元宇宙未来发展中一个一个地解决。

由此可见，如果没有一股向善的力量灌注其中，元宇宙所引发的日新月异的科技就可能成为风险的源头。"风险的涟漪"还有可能从虚拟社会四处扩散，给现实社会带来难以预知的后果。斯皮尔伯格在电影《头号玩家》中所描绘的人类社会演化的悲观结果，并非小概率事件。

科技创新，伦理先行

人工智能是推动元宇宙未来发展的核心动力。但是，以生命科学、基因编辑和人工智能等为代表的高科技的快速发展与广泛应用，也引发了一系列社会与伦理问题，如何合理应用人工智能科技已经成为一个至关重要的时代课题。为了使人工智能科技更好地为人类服务，规避潜在风险与负面效应，社会各界提出了各种各样的理论主张与战略规划，其中"人工智能向善运动"引起了较为广泛的关注。

在各个国家与国际组织发布的各种人工智能发展规划与伦理战略中，几乎都提出并强调了"科技向善"的思想与内容。总的来看，各国政府和相关国际组织在强调人工智能科技重要性的同时，普遍重视人工智能的社会影响，主张应用人工智能科技提高人们生活质量，维护人类尊严，促使人工智能向善。其中部分代表性报告及相关内容摘录如表6—1所示。

表6—1 部分国家与国际组织发布的相关报告

国家/组织	时间	报告名称	相关内容
英国	2016年9月	机器人与人工智能	应该对人工智能进行有效的治理,认真考量人工智能的伦理、法律问题与社会影响,确保研发出对社会有益的人工智能系统
美国	2016年10月	为人工智能的未来做准备	分析了人工智能对于"公共善"(common good)的促进作用,指出人工智能有助于解决一些全球性的挑战问题,进而提升人们的生活质量
中国	2017年7月	新一代人工智能发展规划	必须高度重视人工智能可能带来的安全风险挑战,加强前瞻预防与约束引导,最大限度降低风险,确保人工智能安全、可靠、可控发展
英国	2018年6月	数据伦理框架	以正直、诚实、客观与公正为核心价值观,促使数据得到合乎伦理的使用,以提供更好的服务
欧盟	2019年4月	可信任的人工智能伦理指南	人工智能系统应当是以人类为中心的,人工智能应该服务于人类与公共利益,提升人类福祉与自由
日本	2019年6月	人工智能战略2019	强调"以人为本的人工智能原则",提出"以人为中心、保护隐私、保障安全、公平竞争、包容与透明"等原则
欧盟	2020年2月	人工智能白皮书	欧盟要确保人工智能技术为所有欧洲人服务,提高他们的生活质量,同时尊重其权利
联合国	2021年11月	人工智能伦理建议书	这是关于人工智能伦理的首份全球性规范文书。其核心内容包括价值观、伦理原则及相关的政策建议、监测与评估

来源:杜严勇:《人工智能科技:向善及其可能》,《中国科技人才》2021年第6期。

2018年8月,牛津大学玛丽萨拉·泰迪欧(Mariarosaria Taddeo)和卢西亚诺·弗洛里迪(Luciano Floridi)在《科学》杂志上发表论文《人工智能如何成为一种向善的力量》[①],大力呼吁人工智能向善。文章一开篇就强调,人工智能不仅仅是一种需要规制的新技术,它还是一种强大的力量,正在重塑人们的日常生活、个人交往与职业互动。为了人类的福祉,必须将这种力量用于向善。人工智能专家、XPRIZE基金会执行董事阿米尔·巴尼法特米,也

---

① Taddeo M, Floridi L.: How AI can be a force for good Science, 2018, 361(6404): 751–752.

第六章
元宇宙治理：科技向善，迎接人类社会新范式

撰文强调，应用人工智能向善应该成为一种口号，用以促进更多有意义的参与和对话。[①] 人工智能创新成果应成为一种使所有人受益的平台，该平台则应成为实现公共善的社会资产。同时，很多大型企业也提出了与人工智能向善相关的企业愿景、伦理指南与伦理原则，向社会公开表示要努力应用人工智能科技为人类造福。其中部分企业发布的伦理原则如表6—2所示。

表6—2　部分企业发布的人工智能伦理原则

企业	时间	伦理原则
微软	2016年6月	人工智能十原则：辅助人类、透明、不伤害人类尊严、保护隐私、承担算法责任、防止偏见、同理心、教育、创造力、由人来最后对结果负责等
德国电信	2018年4月	人工智能指南：责任、关爱、顾客优先、透明、安全、控制、合作、共享等伦理原则
国际商业机器公司（IBM）	2018年5月	信任与透明原则：人工智能的目的是增强人类智能、数据隐私与安全、透明与可解释等
谷歌	2018年6月	人工智能七原则：有益于社会、避免产生或加剧偏见、建立并测试安全性、对人类负责、融入隐私设计、坚持科学卓越的高标准、为符合这些原则的用途提供服务等
腾讯	2018年9月	四可原则：可知、可控、可用、可靠
SAP	2018年9月	人工智能指导原则：价值驱动、以人为本、克服偏见、透明、提高质量与安全标准等
索尼	2018年9月	人工智能伦理指南：支持创新生活方式与建设更好的社会、利益相关者参与、隐私保护、追求透明等

来源：杜严勇：《人工智能科技：向善及其可能》，《中国科技人才》2021年第6期。

由此可见，"人工智能向善运动"已经得到社会各界的高度重视。"人工智能向善运动"也一定能在元宇宙的未来发展中起到巨大的推动作用。在元宇宙的发展演变过程中，如何从行动、制度上切

[①] Banifatemi A.: Can we use AI for global good?. *Communications of The ACM*, 2018, 61(10): 8–9.

实保证"人工智能向善运动"的深入开展并取得实效,这方面的理论研究与实践探索才刚刚开始。

三 中国智慧,中国方案

实现中华民族伟大复兴的中国梦,建设富强民主文明和谐美丽的社会主义现代化国家,必然要求我们大力提升智能科技生产力,吸纳智能科技产生的强大结构性力量,为增进民生福祉提供坚实的内在驱动力支撑。习近平总书记关于科技创新及其社会影响的重要论述,为我们理解并践行科技向善,推动元宇宙建设的健康发展指明了方向。

习近平总书记高度重视科学技术在社会发展中的重要功能,多次明确强调科学技术对提高我国综合国力与人民生活水平的重要作用。同时,习近平总书记也高度重视人工智能科技发展及其社会影响,并就相关问题作出了明确指示。2018年10月,习近平总书记在十九届中央政治局第九次集体学习时指出:"人工智能是引领这一轮科技革命和产业变革的战略性技术,具有溢出带动性很强的'头雁'效应。在移动互联网、大数据、超级计算、传感网、脑科学等新理论新技术的驱动下,人工智能加速发展,呈现出深度学习、跨界融合、人机协同、群智开放、自主操控等新特征,正在对经济发展、社会进步、国际政治经济格局等方面产生重大而深远的影响。"[①]他强调:"我们要未雨绸缪,加强战略研判,确保人工智能

[①] 《习近平关于网络强国论述摘编》,中央文献出版社2021年版,第119页。

第六章
元宇宙治理：科技向善，迎接人类社会新范式

安全、可靠、可控。"[1]

2021年5月28日，习近平总书记在中国科学院第二十次院士大会、中国工程院第十五次院士大会、中国科协第十次全国代表大会上的讲话中指出："科技创新速度显著加快，以信息技术、人工智能为代表的新兴科技快速发展，大大拓展了时间、空间和人们认知范围，人类正在进入一个'人机物'三元融合的万物智能互联时代。"[2]他号召科技工作者"要深度参与全球科技治理，贡献中国智慧，塑造科技向善的文化理念，让科技更好增进人类福祉，让中国科技为推动构建人类命运共同体作出更大贡献"[3]。

2022年3月20日，中共中央办公厅、国务院办公厅印发《关于加强科技伦理治理的意见》(以下简称《意见》)，体现了生命至上、人民至上理念，系统提出全面提升科技伦理治理能力和完善科技伦理治理体系的具体措施。让科技守尺度、负责任、有底线，沿着共创美好未来、增进人类福祉的轨道勇毅前行，为世界科技可持续发展贡献中国智慧和中国方案。[4]

《意见》指出，科技伦理是开展科学研究、技术开发等科技活动需要遵循的价值理念和行为规范，是促进科技事业健康发展的重要保障。当前，我国科技创新快速发展，面临的科技伦理挑战日益

---

[1] 《习近平关于防范风险挑战、应对突发事件论述摘编》，中央文献出版社2020年版，第79页。
[2] 习近平：《在中国科学院第二十次院士大会、中国工程院第十五次院士大会、中国科协第十次全国代表大会上的讲话》，《人民日报》2021年5月29日。
[3] 习近平：《在中国科学院第二十次院士大会、中国工程院第十五次院士大会、中国科协第十次全国代表大会上的讲话》，《人民日报》2021年5月29日。
[4] 参见周烨：《加快构建特色科技伦理体系 不断推动科技向善造福人类——中办、国办印发〈关于加强科技伦理治理的意见〉》，《中国科技产业》2022年第4期。

增多，但科技伦理治理仍存在体制机制不健全、制度不完善、领域发展不均衡等问题，已难以适应科技创新发展的现实需要。

《意见》提出了20字的治理要求，即"伦理先行、依法依规、敏捷治理、立足国情、开放合作"。加强源头治理，注重预防，将科技伦理要求贯穿科学研究、技术开发等科技活动全过程，促进科技活动与科技伦理协调发展、良性互动，实现负责任的创新；坚持依法依规开展科技伦理治理工作，加快推进科技伦理治理法律制度建设；加强科技伦理风险预警与跟踪研判，及时动态调整治理方式和伦理规范，快速、灵活应对科技创新带来的伦理挑战；立足我国科技发展的历史阶段及社会文化特点，遵循科技创新规律，建立健全符合我国国情的科技伦理体系；坚持开放发展理念，加强对外交流，建立多方协同合作机制，凝聚共识，形成合力。积极推进全球科技伦理治理，贡献中国智慧和中国方案。

《意见》明确了科技伦理原则：增进人类福祉；尊重生命权利；坚持公平公正；合理控制风险；保持公开透明。科技活动应坚持以人民为中心的发展思想，有利于促进经济发展、社会进步、民生改善和生态环境保护，不断增强人民获得感、幸福感、安全感，促进人类社会和平发展和可持续发展。科技活动应最大限度地避免对人的生命安全、身体健康、精神和心理健康造成伤害或潜在威胁，尊重人格尊严和个人隐私，保障科技活动参与者的知情权和选择权；使用实验动物应符合"减少、替代、优化"等要求。科技活动应尊重宗教信仰、文化传统等方面的差异，公平、公正、包容地对待不同社会群体，防止歧视和偏见。科技活动应客观评估和审慎对待不确定性和技术应用的风险，力求规避、防范可能引发的风险，防止科技成果误用、滥用，避免危及社会安全、公共安全、生物安全和生态安全。科技活动应鼓励利益相关方和社会公众合理参与，建立涉及重大、敏感伦理问题的科技活动披露机制。公布科技活动相关信息时应提高透明度，做到客观真实，为世界科技可持续发展贡献中国智慧和中国方案。

"德之不厚，行之不远。"正确的道德观具有积极的导向作用，人和社会方能行稳致远。科技伦理是科技创新活动中人与社会、人与自然和人与人关系的思想与行为准则，它规范着科技工作者应恪守的价值观念、社会责任和行为规则。科技伦理在伦理准则层面关注科技工作者"该不该做什么""能不能做什么"。通过科技活动探索未知、取得创新成果固然重要，加强相应的伦理建设同样不可或缺。强化科技伦理是确保科技创新风险可控、健康有序的内在要求。"较短量长，惟器是适。"从某种意义而言，科技发展也是勇闯"无人区"的过程。过度治理会限制前沿科学技术的发展，治理不足又会导致过度或未知的伦理风险。科技伦理建设要在把握"时"与"势"中顺时而谋、审时度势。必须全面、审慎地思考前沿科技的功能，尤其是对极具争议或可能产生重大影响的技术，加强科技伦理风险预警与跟踪研判，及时动态调整治理方式和伦理规范，快速、灵活地应对科技创新带来的伦理挑战。①

人工智能的发展提速无法阻挡。人工智能的发展必须会对社会造成冲击，而真正重要的是，谁能控制和治理人工智能产业。正如当年的工业革命时代，虽然当代人类坚定地认为，人类社会中的每个人都因为工业革命变得更好了。但是，永远不要忘记，在进行工业革命过程中，有些国家、有些民族，借着"风口"扶摇直上，而

---

① 参见任晓刚：《让科技"向善"之光照亮前行之路》，《科技智囊》2022年第4期。

与社会治理新范式

有些国家、有些民族由此成为社会发展的垫脚石,甚至有些国家和民族遭遇了巨大的苦难。这就是AI产业是我们必须要竭尽全力掌握和领先的领域。2021年3月,国家"十四五"规划正式发布,明确指出要培育壮大人工智能、大数据等新兴数字产业,"推动通用化和行业性人工智能开放平台建设"。在"十四五"规划中,"人工智能"出现了18次。"大道之行,天下为公。"中国的发展是以人民为中心的发展,决定了中国式元宇宙建设在于不断增强人民群众的获得感、幸福感、安全感。科技创新,伦理先行。让我们在建设中国式元宇宙的过程中,高举科技伦理向善之光,永远照亮人类前行之路。

让我们一起,砥砺前行,不忘初心!

四 在无数可能中,没有太空航行的未来都是暗淡的

元宇宙应该如何建设?元宇宙愿景会带给人类怎样的未来?中国科幻作家刘慈欣在克拉克基金会上的获奖感言给了我们许多启示。2018年11月8日晚,刘慈欣被授予2018年克拉克想象力服务社会奖(Clarke Award for Imagination in Service to Society),以表彰其在科幻小说创作领域作出的贡献。克拉克奖由亚瑟·克拉克基金会设立,不定期评选终身成就奖、想象力服务社会奖及创新者奖三大奖项,以表彰世界上最卓越并最富创造力的思想家、科学家、作家、技术专家、商业领袖以及创新者。以下为刘慈欣获奖致辞全文。

第六章
元宇宙治理：科技向善，迎接人类社会新范式

先生们、女士们：

晚上好。

很荣幸获得克拉克想象力服务社会奖。

这个奖项是对想象力的奖励，而想象力是人类所拥有的一种似乎只应属于神的能力，它存在的意义也远超出我们的想象。有历史学家说过，人类之所以能够超越地球上的其他物种建立文明，主要是因为他们能够在自己的大脑中创造出现实中不存在的东西。在未来，当人工智能拥有超过人类的智力时，想象力也许是我们对于它们所拥有的唯一优势。

科幻小说是基于想象力的文学，而最早给我留下深刻印象的是亚瑟·克拉克的作品。除了儒勒·凡尔纳和乔治·威尔斯外，克拉克的作品是最早进入中国的西方现代科幻小说。在20世纪80年代初，中国出版了他的《2001：太空漫游》和《与罗摩相会》。当时"文化大革命"刚刚结束，旧的生活和信仰已经崩塌，新的还没有建立起来，我和其他年轻人一样，心中一片迷茫。这两本书第一次激活了我的想象力，思想豁然开阔许多，有小溪流进大海的感觉。读完《2001：太空漫游》的那天深夜，我走出家门仰望星空，那时，中国的天空还没有太多的污染，能够看到银河，在我的眼中，星空与过去完全不一样了，我第一次对宇宙的宏大与神秘产生了敬畏感，这是一种宗教般的感觉。而后来读到的《与罗摩相会》，也让我惊叹如何可以用想象力构造一个栩栩如生的想象世界。正是克拉克带给我的这些感受，让我后来成为一名科幻作家。

现在，30多年过去了，我渐渐发现，我们这一代在20世

与社会治理新范式

纪60年代出生于中国的人,很可能是人类历史上最幸运的人,因为之前没有任何一代人,像我们这样目睹周围的世界发生了如此巨大的变化,我们现在生活的世界,与我们童年的世界已经完全是两个不同的世界,而这种变化还在加速发生着。中国是一个充满着未来感的国度,中国的未来可能充满着挑战和危机,但从来没有像现在这样具有吸引力,这就给科幻小说提供了肥沃的土壤,使其在中国受到了空前的关注,作为一名在20世纪60年代出生在中国的科幻小说家,则是幸运中的幸运。

我最初创作科幻小说的目的,是逃离平淡的生活,用想象力去接触那些我永远无法到达的神奇时空。但后来我发现,周围的世界变得越来越像科幻小说了,这种进程还在飞快地加速,未来像盛夏的大雨,在我们还来不及撑开伞时就扑面而来。同时我也沮丧地发现,当科幻变为现实时,没人会感到神奇,它们很快会成为生活中的一部分。所以我只有让想象力前进到更为遥远的时间和空间中去寻找科幻的神奇,科幻小说将以越来越快的速度变成平淡生活的一部分,作为一名科幻作家,我想我们的责任就是在事情变得平淡之前把它们写出来。

但另一方面,世界却向着与克拉克的预言相反的方向发展。在《2001:太空漫游》中,在已经过去的2001年,人类已经在太空中建立起壮丽的城市,在月球上建立起永久性的殖民地,巨大的核动力飞船已经航行到土星。而在现实中的2018年,再也没有人登上月球,人类在太空中航行的最远的距离,也就是途经我所在的城市的高速列车两个小时的里程。与此同时,信息技术却以超乎想象的速度发展,网络覆盖了整个世

第六章
元宇宙治理：科技向善，迎接人类社会新范式

界，在 IT 所营造的越来越舒适的安乐窝中，人们对太空渐渐失去了兴趣，相对于充满艰险的真实的太空探索，他们更愿意在 VR 中体验虚拟的太空。正像有一句话说的："说好的星辰大海，你却只给了我 Facebook。"

这样的现实也反映在科幻小说中，克拉克对太空的瑰丽想象已经渐渐远去，人们的目光从星空收回，现在的科幻小说，更多地想象人类在网络乌托邦或反乌托邦中的生活，更多地关注现实中所遇到的各种问题，科幻的想象力由克拉克的广阔和深远，变成赛博朋克的狭窄和内向。

作为科幻作家，我一直在努力延续着克拉克的想象，我相信，无垠的太空仍然是人类想象力最好的去向和归宿，我一直在描写宇宙的宏大神奇，描写星际探险，描写遥远世界中的生命和文明，尽管在现在的科幻作家中，这样会显得有些幼稚，甚至显得跟不上时代。正如克拉克的墓志铭："他从未长大，但从未停止成长"。

与人们常有的误解不同，科幻小说并不是在预测未来，它只是把未来的各种可能性排列出来，就像一堆想象力的鹅卵石，摆在那里供人们欣赏和把玩。这无数个可能的未来哪一个会成为现实，科幻小说并不能告诉我们，这不是它的任务，也超出了它的能力。

但有一点可以确定：从长远的时间尺度来看，在这无数可能的未来中，不管地球达到了怎样的繁荣，那些没有太空航行的未来都是暗淡的。

我期待有那么一天，像那些曾经描写过信息时代的科幻小

说一样,描写太空航行的科幻小说也变得平淡无奇了,那时的火星和小行星带都是乏味的地方,有无数的人在那里谋生;木星和它众多的卫星已成为旅游胜地,阻止人们去那里的唯一障碍就是昂贵的价格。

但即使在这个时候,宇宙仍是一个大得无法想象的存在,距我们最近的恒星仍然遥不可及。浩瀚的星空永远能够承载我们无穷的想象力。

谢谢大家。

正如作家刘慈欣所言:"从长远的时间尺度来看,在这无数可能的未来中,不管地球达到了怎样的繁荣,那些没有太空航行的未来都是暗淡的。"元宇宙未来愿景,难道不是一样吗?

元宇宙不仅仅只有网络游戏、虚拟社会,元宇宙中也有智能工厂、数字地球、孪生宇宙。元宇宙在向内探索人类精神世界的同时,也必须将视野向外,探索星辰大海,探索太空航行。没有太空航行的人类未来是暗淡的,同样,不关注星辰大海、太空航行,只关注网络游戏、虚拟社会的元宇宙也是暗淡无光、没有前途的。让我们一起拥抱元宇宙,拥抱未来,拥抱人类未来社会新范式。我们坚信,元宇宙必将驾载人类驶向星辰大海。

附 录

APPENDIX

附 录

一 文献说明

3篇元宇宙相关文献。关于元宇宙的讨论，角度非常多，看法和观点也丰富多彩。许多视角，本文没有展开。因此，笔者甄选并翻译了三篇关于元宇宙不同看法的演示或采访，以更加全面的视角反映元宇宙。读者可以从中了解：扎克伯格眼中的元宇宙是什么？Facebook为什么要改名Meta？大家熟悉的堡垒之夜（Fortnite），其创建者——英佩公司（Epic Games）的CEO蒂姆·斯维尼（Tim Sweeney），他心中的元宇宙是什么样子？而著名的人类未来学家，著名的"观察·反思·展望"三部曲——《必然》《科技想要什么》《失控》——的作者凯文·凯利（Kevin Kelly）心中的元宇宙又是什么样子？

1篇《关于加强科技伦理治理的意见》全文。最后，笔者将中共中央办公厅、国务院办公厅2022年3月20日颁发的《关于加强科技伦理治理的意见》全文收录。因为，科技向善，是本书所要表达的元宇宙建设和发展的关键原则。《关于加强科技伦理治理的意见》的提出，不仅为中国科技发展和元宇宙建设指明了具体的实现路径，也为世界科技进步贡献了中国智慧。让我们共同遵守，共同向前！

二 《元宇宙界以及我们将如何共同构建它——新篇章》，Mark Zuckerberg，Connect 2021，2021年10月29日

本文节选自Connect 2021的最后一部分。Connect是由美国Meta公司每年举办的一项为期一天的虚拟活动，旨在探索增强现实和虚拟现实的未来。相关产业的行业领导者在这个活动上分享最新技术，而开发者会议将介绍如何使用这些技术。Connect会议的目标是让世界更紧密地联系在一起，并通过新的体验加深人与人之间的联系。

本文的英文标题The Metaverse and How We'll Build It Together①。节选部分是这个演示的最后一部分："The next chapter"。作者是马克·扎克伯格（Mark Zuckerberg）。在演示视频中，扎克伯格解释了将Facebook改名为Meta的主要原因：随着时间的推移，他希望人们将Facebook视为一家元宇宙公司；他们的使命始终不变——将人们聚集在一起；"Meta"这样一个新名称，才能够反映他们所做工作的全部范围，以及他们希望帮助建立的人类未来。这一部分的全文如下。

我相信元宇宙是互联网的下一篇章。这也是我们公司的下一篇章。

---

① 英文全文参见：https://www.rev.com/blog/transcripts/meta-facebook-connect-2021-metaverse-event-transcript.

附录

　　我一直在思考这对我们公司意味着什么，以及在我们踏上这段旅程时我们是谁。

　　我们是一家专注于连接人的公司。虽然大多数其他科技公司专注于人们如何与技术互动，但我们专注于构建技术，以便人们可以互动。我创办Facebook的原因之一是当时你可以使用互联网找到几乎任何东西，信息、新闻、电影、音乐、购物。

　　除了最重要的事情：人。今天，我们被视为一家社交媒体公司。

　　但在我们的DNA中，我们是一家开发技术以连接人的公司。

　　元宇宙是下一个前沿。就像我们刚开始时的社交网络曾经是下一个前沿一样。

　　诞生于特定的时间和地点——网络时代，大学校园。

　　这是我们当时可以建立的，让人们重新回到我们的技术体验中。

　　但连接总是更大。从很早开始，我记得我坐在中学课堂上在我的笔记本上勾画草图，还有一些回家后就想写的代码。尽管我还没有构建它的能力或技术，但我始终清楚的是，我的梦想是与我们关心的人在一起。

　　这难道不是技术的终极承诺吗？与任何人在一起，能够瞬时传送到任何地方，并创造和体验任何东西？然而，到了2021年，我们的设备仍然是围绕应用程序设计的，而不是人。我们被允许构建和使用的体验比以往任何时候都受到更严格的控制。对创造性的新想法征收高额税费正在令人窒息。

这不是我们使用技术的方式。如果我们构建得好，元宇宙给了我们一个改变它的机会。

但这需要我们所有人，创作者，开发者和各种规模的公司。

在一起，我们最终可以将人置于我们技术的中心——并提供一种我们彼此身临其境的体验。

我们可以一起创建一个更开放的平台——拥有更多发现体验的方式以及它们之间的更多互操作性。一起，我们可以开启一个更大的创意经济。

我知道互联网的故事并不简单。每一章都意味着新的声音和新的想法。

是的，会有挑战和风险以及对既定利益的破坏。

但也会有我们甚至无法想象的机会和好处。为了联系，为了创造，为了学习和快乐。

我们都需要从一开始就共同努力，为这个未来带来最好的版本。

未来，只需一副眼镜，您就可以超越现实世界，进入我们今天所讨论的各种体验。在我们开始下一章时，我一直在思考我们的身份。

Facebook是世界历史上人们使用最多的产品之一。它是一个标志性的社交媒体品牌。

但日益地，它已经不足以包括我们所做的一切。Instagram、WhatsApp、Messenger、Quest、Now Horizon、

Nazaré 等，构建我们的社交媒体应用程序将始终是我们的重点。

但现在，我们的品牌仅与一种产品紧密相连，它没能代表我们今天正在做的一切事情，更不用说未来了。随着时间的推移，我希望我们被视为一家元宇宙公司。

我想将我们的工作和我们的身份定位在我们正在建设的目标上。

我们刚刚宣布我们正在对我们的公司进行根本性的改变。我们现在将我们的业务视为两个不同的部分并进行报告。

一个用于我们的应用程序系列，一个用于我们在未来平台上的工作。

作为其中的一部分，我们是时候采用一个新的公司品牌来涵盖我们所做的一切了。为了反映我们是谁以及我们希望建立什么，我很自豪地宣布，从今天开始，我们公司现在是 Meta。我们的使命始终如一——仍然是将人们聚集在一起。

我们的应用程序及其品牌也不会改变。我们仍然是围绕人设计技术的公司。

但现在我们拥有了一颗新的北斗星，来帮助将元宇宙带入生活。

我们有一个新名称，反映了我们所做工作的全部范围。以及我们希望帮助建立的未来。

从现在开始，我们将成为 Metaverse 优先，而不是 Facebook 优先。这意味着随着时间的推移，您将不再需要使用 Facebook 来使用我们的其他服务。

元宇宙与社会治理新范式

随着我们的新品牌开始出现在我们的产品中，我希望人们开始了解Meta品牌以及我们所代表的未来。我曾经喜欢学习古典文学。而"元"这个词来自希腊语，意思是"超越"。

对我来说，它象征着总有更多的东西可以建造。故事总会有下一章。

对我们来说，这是一个从宿舍开始的故事，发展超出了我们的想象。

融入一系列应用程序，人们用来寻找彼此、寻找自己的声音、创办企业、社区和改变世界的运动。我为我们迄今为止所建立的东西感到自豪，并对接下来的事情感到兴奋——因为我们超越了今天的可能，超越了屏幕的限制，超越了距离和物理的限制，走向了一个每个人都可以在场的未来，彼此，创造新的机会，体验新的事物。

这是一个超越任何一家公司的未来，这是我们所有将创造的未来。

我们建造的东西以新的方式将人们聚集在一起。我们已经从解决社会问题和与封闭平台下斗争中学到了很多东西。现在，是时候利用我们所学到的一切帮助构建下一章了。我比世界上任何其他公司都更愿意为此付出我们的精力。

如果这是你想看到的未来，那么我希望你能加入我们。因为未来将超出我们的想象。

附　录

 三　《Epic Games首席执行官Tim Sweeney谈论元宇宙、加密货币和反垄断》，Mark Sullivan，2022年4月25日

本文英文标题是Epic Games CEO Tim Sweeney Talks the Metaverse, Crypto, and Antitrust[①]，还有一个副标题：After all the hype about the metaverse, it was good to talk to someone who's actually built one（在所有关于元宇宙的炒作之后，与实际建造了一个元宇宙的人交谈是件有益的事）。马克·沙利文（Mark Sullivan）是美国当代著名作家，撰写悬疑和历史小说，已出版14部作品。蒂姆·斯维尼（Tim Sweeney）是美国Epic Games公司的创办人和CEO，是元宇宙建设领域的领军人物。他一直致力于建设一个开放的、去中心的、互联的元宇宙，十分反感类似苹果、谷歌这样的垄断平台。这种态度也置入了Epic Games的发展基因中。本文是马克·沙利文近期对蒂姆·斯维尼的一次采访。主要涉及三方面内容：一是如何建设开放的，而不是封闭的、垄断的元宇宙平台；二是加密货币和区块链，是元宇宙必需的吗；三是如何在元宇宙建设中坚持反垄断。全文如下。

在所有元宇宙的基本形式中，很少有像Epic Games的

[①] 英文全文参见：https://www.fastcompany.com/90741893/epic-games-ceo-tim-sweeney-talks-the-metaverse-crypto-and-antitrust.

225

Fortnite那样彻底实现和广受好评。Fortnite以一种有机的方式,从游戏成长为Metaverse:刚开始时,人们在玩完游戏后,在Fortnite的3D世界中稍作逗留,只是为了和朋友们再待一会儿。Epic马上关注到这一点,开始为用户举办有计划的活动,如音乐会和电影预览。

本月早些时候,Epic发布了其游戏引擎Unreal Engine 5的最新版本,其中包括用于创建高精度的具有自动自然光照效果的3D对象的新工具。引擎的重点是通过使用逼真的声音和数字人,创建大型、逼真的环境。我相信,Unreal Engine是构建虚拟世界体验的极佳工具。

2022年3月,我去了Epic位于北卡罗来纳州卡里的总部,与Epic首席执行官蒂姆·斯维尼讨论了这些新工具以及未来的元宇宙。为了清晰和时长,这次采访经过了轻微的编辑。

问:

我们是否已经到了这样一个阶段,图形技术可以构建栩栩如生的世界,以至于它们可以从游戏中溢出,并被用作我们通常亲自做的事情的真实模拟?

答:

这是正在发生的事情,它使他们在20世纪90年代谈论的这种现象成为可能,即融合。还记得吗?就像当年的CD-ROM和多媒体一样,当时提出的想法是,你将在电影和游戏中拥有相同类型的媒体功能,并且它们将融合成一个两全其美的单一行业。用了25年的时间,我们现在确实做到了,并且正在发生融合,因为你无论在电影布景,还是视频游戏中,都可以使用相同类型的高保真图形。在建筑可视化和汽车设计中，你实际上可以构建所有这些3D对象——无论是世界上每个物理对象的虚拟数字孪生，还是你的公司或电影中的每个物理对象。然后，你可以在许多不同形式的媒体中使用所有这些相同的资产。

问：

这是您在2020年与CNBC的谈话："我们希望让任何开发者都能够将他们的内容带入Fortnite，并让任何品牌都能在Fortnite中广为人知……并让它成长为一个持续自我进化的生态系统。"那是两年前的事了，远远早于业界目前对虚拟世界的关注。听起来您在谈论一种开放的元宇宙，开发人员和创作者可以在其中拥有更多控制权。

答：

Fortnite Creative是一套工具，任何人都可以使用它来构建自己的Fortnite。现在，大约一半的Fortnite用户在其他人创建的内容中逗留，一半在Epic创建的内容中。而这仅仅是个开始。2022年晚些时候，我们将发布Fortnite的虚幻编辑器（Unreal Editor）——所有你在Unreal Engine中看到的全部功能都将开放，因此任何人都可以构建非常高质量的游戏内容和代码……并将其部署到Fortnite中，而无须与我们达成交易——它对所有人开放。

我们的目标是使其成为接触消费者的一流渠道，就像你可能将移动应用商店、游戏机和Steam视为接触用户的方式一样。现在人们也将Fortnite和Roblox视为接触用户的方式。与此同时,我们正在建立一个经济体,它将支持创作者围绕他们的工作开展业务,并从人们播放他们的内容所产生的商业中获得越来越多的利润。

问:

我们今天拥有的网络由一些大型平台和应用商店主导,这些平台和应用商店收取高额租金以接触用户。平台和他们的投资者花了很多钱来建立他们的技术,他们变得富有。是否会有财政激励措施来建立一个更加去中心化的网络?

答:

是的,可与此同时,他们(指那些大型平台和应用商店)正在"烧毁"世界,政府和法院正在全世界追捕他们,以阻止他们的这种不良做法。从广义上讲,所有门户人或社交媒体都有类似App Store的垄断,但好消息是,参与这些生态系统的所有公司(应用程序开发商、品牌)都得到了它。他们现在已经知道了诀窍。他们在10年或15年前被骗了。他们被引诱到这里,现在他们的大部分业务都被困在这些有围墙的花园里(walled gardens是Tim Sweeney用来描述苹果和谷歌用得最频繁的一个词)。

每当我们与第三方公司、世界级品牌谈论将他们的主要品牌形象引入Fortnite时,探讨的都是关于他们如何直接接触客户并与客户建立直接关系。他们不会接受任何看门人。因此,当所有品牌都在与所有不同的有抱负的元宇宙平台——Fortnite、Roblox或Minecraft进行交流时,或者更广泛地说,也许你开始关注PUBG Mobile、GTA Online——它们真的会让我们保持诚实并确保它们不会支持另一家公司将自己作为它们和客户之间的"霸主"。

问：

建立一个不受这些"霸主"支配的元宇宙需要什么？

答：

我认为，在系统开放、标准开放和愿意尊重相互客户关系的公司的基础上，我们可以在未来10年内构建这个开放版本的元宇宙。你可以使用一个生态系统的账户进入另一个生态系统，然后每个人都尊重这些关系。生态系统的各个方面都存在健康的竞争。

这就是网络早期世界所拥有的东西。但这已被围墙花园及其垄断过程所摧毁。现在，你没有竞争激烈的应用商店经济，你没有竞争激烈的在线广告经济。你可能会挑选出十几个没有竞争的经济体，因为它们受捆绑服务控制，其中垄断者将其一类服务的使用与其他服务的使用联系起来，因此你被迫全部承担或完全离开。

这是全球反垄断努力的重中之重——确保每个市场参与者都可以在没有垄断关系的情况下在它们的市场上公平竞争。这将打开通往开放虚拟世界的道路。没有它们，即使你确实建立了开放的元宇宙，苹果和谷歌最终仍会对每个人把持所有授权、把持所有条款。

问：

当您通过这个视角看待当前的反垄断辩论时，即权力可能集中或不集中的视角，在未来的元宇宙世界中，风险似乎更高。

答:

我认为这不仅仅是目前最重要的经济问题,我也认为如果你没有网络自由和平台自由,你就不可能拥有一个自由的世界。如果你有两家公司控制着所有的世界话语并向政府——尤其是压迫性的政府——鞠躬,代表他们充当代理人并监视用户以及意见和异议的来源,那么我认为你最终得到的世界不是我们会想住在里面的世界。我认为那将是一个非常可怕的地方。所以,我认为这是一个首要的社会问题,我们不让这些巨型企业控制在线商务、话语和控制虚拟世界。

问:

是否需要这种公司之间的开放和合作来创造人们想要的元宇宙?

答:

是的,元宇宙是每个人生态系统的交汇点,有点像互联网早期的历史。在20世纪80年代初期,有很多不同的研究型大学和公司拥有自己的局域网。它们都是彼此分开的,有人意识到,我们可以在全国范围内在它们之间铺设一些电缆,而互联网就是由此而来。然后他们意识到我们需要连接我们的电子邮件系统,所以在某个时候,有人发明了那个地址系统,如果你在X工作并且你的名字是X,那将是你的电子邮件地址。他们将@放入电子邮件地址上。

能够将所有这些不同的生态系统连接到一个生态系统互联网或生态系统的元宇宙,是关键步骤之一。我们不希望十几家公司相互竞争,以创造一个垄断他们所有人的垄断企业,一个赢了，现在每个人都将被锁定在他们的专有事物中。我们希望与所有公司合作，帮助建立一个在未来10年出现的开放系统。每年，我们都想要更多。它不会一下子神奇地出现，因为它非常复杂。每年，我们都希望越来越接近这个互联的理想，每个公司都可以参与其中。

问：

您提到的那些标准和协议使互联网成为现在的样子。但那是很久以前的事了。我们是否有意愿再次经历这个过程并为元宇宙创建标准和协议？

答：

Epic确实在做这件事。我们一直在做越来越多的事情。我认为Roblox也是另一家非常有精神的公司。你知道，在首次公开募股并面临巨大的投资者期望之后，他们采用了为所有Roblox提供动力的脚本语言，并发布了它，获得了开源许可，因此任何游戏开发者都可以决定使用它。这是朝着开放的方向迈出的相当不可思议的一步。

现在Microsoft开始接纳Linux，并就其Microsoft Store的开放性以及他们将如何不使用Apple使用的捆绑做法向合作伙伴和世界作出长期承诺。我认为你可以找到一组足够好的公司，他们都愿意在这方面合作。而且我认为，即使目前没有这样做的公司，他们也会经历代际变化，下一代领导层实际上可能会采取完全不同的世界观。未来，必然是开放互联的世界。

这个更大的生态系统，即元宇宙，将随着时间的推移而产生许多不同的事物。其中之一将是大量的玩家和他们的朋友，他们在社交图中表示。Epic拥有6亿个账户和47亿个社交关系。微软有一个巨大的Xbox Live，PlayStation也有一个，任天堂也有一个，Steam也有一个。我们真的很想与其他合作伙伴合作，将大家联系在一起。

问：

从某种意义上说，我们正在谈论从平台主导地位转向创作者自主权，我们正在谈论权力下放。由于去中心化是加密和区块链的基础，您认为这些技术可能会在元宇宙中发挥作用吗？

答：

有一些伟大的想法和原则推动了这项工作。没有任何一家公司把关的数字经济，其想法是去中心化的，对所有参与者开放，交易费用会低得令人难以置信，这是一个了不起的愿望。我支持普遍所有权的想法——如果你要在一个地方购买一个虚拟形象，你就会在其他任何概念上兼容的地方拥有它。这是一个很棒的主意。我认为那里正在进行许多非常有趣的技术基础工作。零知识证明领域——你可以在不接收任何私人细节的情况下验证某事发生的想法——它为许多加密货币在运行去中心化系统时保护隐私提供了动力，我认为这将成为下个世纪大部分技术的基础骨干。

但是，不幸的是，现在它与很多猜测和很多彻头彻尾的骗局捆绑在一起，而且很多努力都是骗局，因为他们所追求的东西并没有实现既定目标的合理版本。你知道，例如区块链虚拟化身经济，有很多公司渴望制作你普遍拥有的虚拟化身，但我发现没有一个公司，没有一个，真正努力促进实际采用任何实际游戏或生态系统中的这些化身。他们只是想制造这个东西并卖给人们化身，但在实践中完全没有用。

我坚信，未来围绕数字商品的经济将达到数万亿美元。但我认为加密货币的很多努力，尤其是涉及游戏领域，并没有解决实用性问题。他们向你展示了你无能为力的数字商品，只能说你拥有它。你可以用密码证明你拥有它，但谁在乎呢？

问：

元宇宙世界中是否有AR和VR的用武之地？

答：

我认为这些都是虚拟世界非常重要的方面。元宇宙将有纯粹的数字表现形式，这在现实世界中是不存在的。如果你想去空间站或另一个星球，那将是纯数字的。而且还会有现实世界的表现形式，在其上集成虚拟覆盖，就像Pokémon Go一样。想象整个世界是一个不同活动的蜂巢。在某些地方，有口袋妖怪到处乱跑。在某些地方，还有其他游戏资产。并且有用于消除任何时候应该存在的歧义的协议。这将是巨大的。

而且我认为将这两个部分融合在一起会产生很多魔力，因此有时你在具有虚拟增强功能的物理世界中，有时你在纯虚拟世界中。经济将高度关联。未来，当你购买你在元宇宙中拥有的实体服装时，所有各种时尚产品的制造商都希望这样。当你在虚拟世界中看到一些很酷的衣服并购买它且以数字和物理方式拥有它，这将是寻找新衣服的更好方式。与查看它在物理系统中的流动、模拟布料和你的角色相比，在Amazon.com上以低分辨率查看它的照片并没有那么好。

问：

这太棒了。您还有什么要补充的吗？

答：

我认为这真的很有趣。我们正在发布这个引擎——Unreal Engine 5，其中包含一堆代码和一堆工具，但探索它为世界做了什么真的很令人兴奋——结果到底发生了什么以及它如何适应更大的愿景。很遗憾，现在元宇宙被过度炒作了，充斥着Gas燃料费、区块链等，但是如果你把用户加起来，我们发现有大约6亿人在与他们的朋友一起玩元宇宙类型的体验。

这令人印象深刻，而且很有说服力。我只是希望人们不要对Web 3的东西过于兴奋，然后在它还没有实现时而感到失望。

四 《20年后，人类可能开启"镜像世界"》，Kevin Kelly，2021年12月27日

12月27日，2021百度创造大会（AI开发者大会）主论坛开幕。《连线》杂志创始主编、互联网思想家、《失控》和《必须》的作者凯文·凯利（Kevin Kelly）作为特邀嘉宾参与了创造大会，分享了他对元宇宙的看法。

本文的英文标题是20 Years Later, Mankind May Open the "Mirror World"①。在凯文·凯利看来，将现实世界与人造事物混合在一起的混合现实（MR）将成为下一代平台，他称之为镜像世

---

① 英文全文参见：https://coinyuppie.com/kevin-kelly-20-years-later-mankind-may-open-the-mirror-world/.

界。镜像世界的实现比VR更难。每个用户都将成为它的建造者,用虚拟世界映射现实世界,共同绘制出完整的世界地图。

同时,凯文·凯利也表示,这个过程至少需要20年,甚至20年后,人类也未必能够实现他对镜像世界的描绘。但它的实现对算法、芯片、带宽甚至商业模式提出了全新的要求。这也意味着,人前会有无数的机会,现在是入局的时候了。

以下为凯文·凯利演讲全文。

您好,百度中心!我是凯文·凯利,《失控》的作者、《连线》杂志的高级顾问。很荣幸来到创想城并分享我对下一代平台的看法。

我认为混合现实将成为下一代平台。我们都知道,虚拟现实其实是人造空间,但下一代平台是混合空间。混合现实世界和人造事物有时被称为MR。当你走进虚拟现实,你会有一种身临其境的感觉,我们称之为沉浸感,你会觉得自己身临其境。

在混合现实中,通过智能眼镜,你会看到现实世界,并获得一种存在感,也就是这个世界中物体的存在感。这是这个新平台的主要特点:存在感。我称这个世界为镜像世界。

与其他虚拟现实世界和元宇宙相比,制作镜像世界获得存在感要困难得多。但如果你能做一个镜像世界,你就可以做VR和Metaverse,反之亦然。所以镜像世界是一个更大的平台。这些概念非常相似,都是用可穿戴眼镜看真实世界,再叠加一个由数字材料组成的虚拟世界。

我们可以用它来做很多事情:我们可以边走边设计产品,

我们可以设计能穿透人体的建筑，但是我们可以看到和感受到虚拟建筑在三维空间中的存在。我们可以把它当作一种学习方式。这个想法是将现实世界与虚拟世界结合起来，形成一个新的平台，不仅是虚拟的，也不仅是真实的，而是真实与虚拟的结合。

它为我们提供了多层信息，可用于指导、通知、娱乐，并以各种方式增强我们对现实世界的体验。技术的主要任务是绘制完整世界的地图，形成与现实世界平行的镜像世界。

你可能会问：谁来画这张地图？答案是我们，用户也会画画。当你戴上眼镜，为了看到虚拟层，你必须映射现实世界。当你再次回头时，屏幕将重新映射和更新。所以每个用户都将成为这个世界的创造者，并生成由用户创建的地图。各种物体和结构，无论大小，都会有一个数字孪生或者镜像。这是他们的虚拟版本。而这些镜像看起来会非常逼真。

这也是一个共享的世界，也就是说，如果我在这里看到或做某事，其他人也会看到，也可以连接任何设备。在理想情况下，可以用智能眼镜观看，但几乎任何带屏幕的设备都可以看到，包括我们的手机。而且是实时查看，事物可以实时更新和移动，我们可以实时交互，从某种意义上说是动态的。

就像现在制作电影特效时所做的模拟实际上是模拟物理现象一样，当物体真正落下或弹起，或者物体真正折叠时，世界也会有同样的虚拟物理和动态现象。这意味着它的外观、行为和动作都非常逼真。

世界各地最终都会成为其中的一部分，最重要的是，真实的人也将被包括在内。因此，我们将有一个分身（avatar）。我们可以通过某些方法来追踪我们的手势、动作、眼睛和情绪，而且眼镜还将配备面向面部的后置摄像头，它会识别人类的表情并将其传达给虚拟形象。头像可能会成为比微信更重要的社交媒体，因为头像将成为我们与他人互动的平台。头像也将成为我们所有虚拟发明中最具社交性的产品。

当然，要让分身工作，分身必须是云端的，也就是说不仅需要5G，还需要6G，甚至10G。需要大量的带宽来保证实时通信能够捕获、操纵和传输所有的视觉数据，这是一个巨大的工程。

因此，第一代网络已经完成了所有信息的数字化，即所有书籍、文件和数据库都已经数字化，我们可以通过算法查找、搜索和浏览，进行二次创作。第二代网络实现了社交网络中人际关系和人类行为的数字化。我们现在处于互联网的第三代。最终，我们将实现所有剩余事物的数字化，包括所有空间、建筑物、物体和整个世界。

这将是一个根本性的变化，这意味着世界本身将受到算法搜索的影响。在处理信息时，我们将发现、操纵和处理地点和对象。因此，镜像世界的核心属性之一就是机器可读性，它为未来的所有应用奠定了基础：实现世界的机器可读性。

同时，世界也变成了机器人和AI看到的世界，所以行驶在路上的自动驾驶汽车也看到了这个镜像世界，也就是现实世界叠加在虚拟世界上。我们可以看到现实世界，我们有能力看到虚拟世界。因此，有人将这个新平台称为空间互联网（注：英文原文为 spatial internet）。

空间3D互联网具有立体定位、临场感和沉浸感三个维度特征，是一个空间叠加层的真实世界。我们可以通过算法和数字处理技术将所有内容分割成新的现实世界。这就是它的力量。

要让这个世界运转起来，需要大量低成本、无处不在的人工智能。观察、扫描、绘图、识别和展示也需要大量的人工智能。没有人工智能，就没有镜像世界，就没有元宇宙。因此，人工智能是保证低成本、高效率、敏捷和强大性能的关键。它是运行世界的引擎。

此外，部分人工智能将运行在智能手机、智能眼镜等设备上，而大量人工智能将运行在云端。所以我认为高速捕捉的手势和行为可能是基于设备的，但渲染效果、世界构建和建筑物的存在将由云端的人工智能操作。

我认为这是一个20年的项目，而这20年才刚刚开始。我讲的事情可能再过20年都不会发生，但当它开始发生时，我相信它会首先出现在工人和企业中，这将是我们首先看到的地方。我们将用它来培训人们，引导、纠正和帮助人们理解。这些设备将运行一个模拟系统，帮助我们管理它们。

我们需要新的算法来处理这些非常大的数字，并且计算机科学中的压缩技术对于使上述任务可行是必要的。我们需要新的芯片，也需要现有技术无法实现的新带宽，也需要新的商业模式。

因此，摆在我们面前的机会数不胜数，我们不要错过这些机会。谢谢！

五、中共中央办公厅、国务院办公厅《关于加强科技伦理治理的意见》

2022年3月20日，中共中央办公厅、国务院办公厅印发了《关于加强科技伦理治理的意见》，并发出通知，要求各地区各部门结合实际认真贯彻落实。《关于加强科技伦理治理的意见》全文如下。

科技伦理是开展科学研究、技术开发等科技活动需要遵循的价值理念和行为规范，是促进科技事业健康发展的重要保障。当前，我国科技创新快速发展，面临的科技伦理挑战日益增多，但科技伦理治理仍存在体制机制不健全、制度不完善、领域发展不均衡等问题，已难以适应科技创新发展的现实需要。为进一步完善科技伦理体系，提升科技伦理治理能力，有效防控科技伦理风险，不断推动科技向善、造福人类，实现高水平科技自立自强，现就加强科技伦理治理提出如下意见。

一、总体要求

（一）指导思想。以习近平新时代中国特色社会主义思想为指导，深入贯彻党的十九大和十九届历次全会精神，坚持和加强党中央对科技工作的集中统一领导，加快构建中国特色科技伦理体系，健全多方参与、协同共治的科技伦理治理体制机制，坚持促进创新与防范风险相统一、制度规范与自我约束相结合，强化底线思维和风险意识，建立完善符合我国国情、与国际接轨的科技伦理制度，塑造科技向善的文化理念和保障机制，努力实现科技创新高质量发展与高水平安全良性互动，促进我国科技事业健康发展，为增进人类福祉、推动构建人类命运共同体提供有力科技支撑。

（二）治理要求

——伦理先行。加强源头治理，注重预防，将科技伦理要求贯穿科学研究、技术开发等科技活动全过程，促进科技活动与科技伦理协调发展、良性互动，实现负责任的创新。

——依法依规。坚持依法依规开展科技伦理治理工作，加快推进科技伦理治理法律制度建设。

——敏捷治理。加强科技伦理风险预警与跟踪研判，及时动态调整治理方式和伦理规范，快速、灵活应对科技创新带来的伦理挑战。

——立足国情。立足我国科技发展的历史阶段及社会文化特点，遵循科技创新规律，建立健全符合我国国情的科技伦理体系。

——开放合作。坚持开放发展理念，加强对外交流，建立多方协同合作机制，凝聚共识，形成合力。积极推进全球科技伦理治理，贡献中国智慧和中国方案。

二、明确科技伦理原则

（一）增进人类福祉。科技活动应坚持以人民为中心的发展思想，有利于促进经济发展、社会进步、民生改善和生态环境保护，不断增强人民获得感、幸福感、安全感，促进人类社会和平发展和可持续发展。

（二）尊重生命权利。科技活动应最大限度避免对人的生命安全、身体健康、精神和心理健康造成伤害或潜在威胁，尊重人格尊严和个人隐私，保障科技活动参与者的知情权和选择权。使用实验动物应符合"减少、替代、优化"等要求。

（三）坚持公平公正。科技活动应尊重宗教信仰、文化传统等方面的差异，公平、公正、包容地对待不同社会群体，防止歧视和偏见。

（四）合理控制风险。科技活动应客观评估和审慎对待不确定性和技术应用的风险，力求规避、防范可能引发的风险，防止科技成果误用、滥用，避免危及社会安全、公共安全、生物安全和生态安全。

（五）保持公开透明。科技活动应鼓励利益相关方和社会公众合理参与，建立涉及重大、敏感伦理问题的科技活动披露机制。公布科技活动相关信息时应提高透明度，做到客观真实。

三、健全科技伦理治理体制

（一）完善政府科技伦理管理体制。国家科技伦理委员会负责指导和统筹协调推进全国科技伦理治理体系建设工作。科技部承担国家科技伦理委员会秘书处日常工作，国家科技伦理委员会各成员单位按照职责分工负责科技伦理规范制定、审查监管、宣传教育等相关工作。各地方、相关行业主管部门按照职责权限和隶属关系具体负责本地方、本系统科技伦理治理工作。

（二）压实创新主体科技伦理管理主体责任。高等学校、科研机构、医疗卫生机构、企业等单位要履行科技伦理管理主体责任，建立常态化工作机制，加强科技伦理日常管理，主动研判、及时化解本单位科技活动中存在的伦理风险；根据实际情况设立本单位的科技伦理（审查）委员会，并为其独立开展工作提供必要条件。从事生命科学、医学、人工智能等科技活动的单位，研究内容涉及科技伦理敏感领域的，应设立科技伦理（审查）委员会。

（三）发挥科技类社会团体的作用。推动设立中国科技伦理学会，健全科技伦理治理社会组织体系，强化学术研究支撑。相关学会、协会、研究会等科技类社会团体要组织动员科技人员主动参与科技伦理治理，促进行业自律，加强与高等学校、科研机构、医疗卫生机构、企业等的合作，开展科技伦理知识宣传普及，提高社会公众科技伦理意识。

（四）引导科技人员自觉遵守科技伦理要求。科技人员要主动学习科技伦理知识，增强科技伦理意识，自觉践行科技伦理原则，坚守科技伦理底线，发现违背科技伦理要求的行为，要主动报告、坚决抵制。科技项目（课题）负责人要严格按照科技伦理审查批准的范围开展研究，加强对团队成员和项目（课题）研究实施全过程的伦理管理，发布、传播和应用涉及科技伦理敏感问题的研究成果应当遵守有关规定、严谨审慎。

四、加强科技伦理治理制度保障

（一）制定完善科技伦理规范和标准。制定生命科学、医学、人工智能等重点领域的科技伦理规范、指南等，完善科技伦理相关标准，明确科技伦理要求，引导科技机构和科技人员合规开展科技活动。

（二）建立科技伦理审查和监管制度。明晰科技伦理审查和监管职责，完善科技伦理审查、风险处置、违规处理等规则流程。建立健全科技伦理（审查）委员会的设立标准、运行机制、登记制度、监管制度等，探索科技伦理（审查）委员会认证机制。

（三）提高科技伦理治理法治化水平。推动在科技创新的基础性立法中对科技伦理监管、违规查处等治理工作作出明确规定，在其他相关立法中落实科技伦理要求。"十四五"期间，重点加强生命科学、医学、人工智能等领域的科技伦理立法研究，及时推动将重要的科技伦理规范上升为国家法律法规。对法律已有明确规定的，要坚持严格执法、违法必究。

（四）加强科技伦理理论研究。支持相关机构、智库、社会团体、科技人员等开展科技伦理理论探索，加强对科技创新中伦理问题的前瞻研究，积极推动、参与国际科技伦理重大议题研讨和规则制定。

五、强化科技伦理审查和监管

（一）严格科技伦理审查。开展科技活动应进行科技伦理风险评估或审查。涉及人、实验动物的科技活动，应当按规定由本单位科技伦理（审查）委员会审查批准，不具备设立科技伦理（审查）委员会条件的单位，应委托其他单位科技伦理（审查）委员会开展审查。科技伦理（审查）委员会要坚持科学、独立、公正、透明原则，开展对科技活动的科技伦理审查、监督与指导，切实把好科技伦理关。探索建立专业性、区域性科技伦理审查中心。逐步建立科技伦理审查结果互认机制。

建立健全突发公共卫生事件等紧急状态下的科技伦理应急审查机制，完善应急审查的程序、规则等，做到快速响应。

（二）加强科技伦理监管。各地方、相关行业主管部门要细化完善本地方、本系统科技伦理监管框架和制度规范，加强对各单位科技伦理（审查）委员会和科技伦理高风险科技活动的监督管理，建立科技伦理高风险科技活动伦理审查结果专家复核机制，组织开展对重大科技伦理案件的调查处理，并利用典型案例加强警示教育。从事科技活动的单位要建立健全科技活动全流程科技伦理监管机制和审查质量控制、监督评价机制，加强对科技伦理高风险科技活动的动态跟踪、风险评估和伦理事件应急处置。国家科技伦理委员会研究制定科技伦理高风险科技活动清单。开展科技伦理高风险科技活动应按规定进行登记。

财政资金设立的科技计划（专项、基金等）应加强科技伦理监管，监管全面覆盖指南编制、审批立项、过程管理、结题验收、监督评估等各个环节。

加强对国际合作研究活动的科技伦理审查和监管。国际合作研究活动应符合合作各方所在国家的科技伦理管理要求，并通过合作各方所在国家的科技伦理审查。对存在科技伦理高风险的国际合作研究活动，由地方和相关行业主管部门组织专家对科技伦理审查结果开展复核。

（三）监测预警科技伦理风险。相关部门要推动高等学校、科研机构、医疗卫生机构、社会团体、企业等完善科技伦理风险监测预警机制，跟踪新兴科技发展前沿动态，对科技创新可能带来的规则冲突、社会风险、伦理挑战加强研判、提出对策。

（四）严肃查处科技伦理违法违规行为。高等学校、科研机构、医疗卫生机构、企业等是科技伦理违规行为单位内部调查处理的第一责任主体，应制定完善本单位调查处理相关规定，及时主动调查科技伦理违规行为，对情节严重的依法依规严肃追责问责；对单位及其负责人涉嫌科技伦理违规行为的，由上级主管部门调查处理。各地方、相关行业主管部门按照职责权限和隶属关系，加强对本地方、本系统科技伦理违规行为调查处理的指导和监督。

任何单位、组织和个人开展科技活动不得危害社会安全、公共安全、生物安全和生态安全，不得侵害人的生命安全、身心健康、人格尊严，不得侵犯科技活动参与者的知情权和选择权，不得资助违背科技伦理要求的科技活动。相关行业主管部门、资助机构或责任人所在单位要区分不同情况，依法依规对科技伦理违规行为责任人给予责令改正，停止相关科技活动，追回资助资金，撤销获得的奖励、荣誉，取消相关从业资格，禁止一定期限内承担或参与财政性资金支持的科技活动等处理。科技伦理违规行为责任人属于公职人员的依法依规给予处分，属于党员的依规依纪给予党纪处分；涉嫌犯罪的依法予以惩处。

六、深入开展科技伦理教育和宣传

（一）重视科技伦理教育。将科技伦理教育作为相关专业学科本专科生、研究生教育的重要内容，鼓励高等学校开设科

技伦理教育相关课程，教育青年学生树立正确的科技伦理意识，遵守科技伦理要求。完善科技伦理人才培养机制，加快培养高素质、专业化的科技伦理人才队伍。

（二）推动科技伦理培训机制化。将科技伦理培训纳入科技人员入职培训、承担科研任务、学术交流研讨等活动，引导科技人员自觉遵守科技伦理要求，开展负责任的研究与创新。行业主管部门、各地方和相关单位应定期对科技伦理（审查）委员会成员开展培训，增强其履职能力，提升科技伦理审查质量和效率。

（三）抓好科技伦理宣传。开展面向社会公众的科技伦理宣传，推动公众提升科技伦理意识，理性对待科技伦理问题。鼓励科技人员就科技创新中的伦理问题与公众交流。对存在公众认知差异、可能带来科技伦理挑战的科技活动，相关单位及科技人员等应加强科学普及，引导公众科学对待。新闻媒体应自觉提高科技伦理素养，科学、客观、准确地报道科技伦理问题，同时要避免把科技伦理问题泛化。鼓励各类学会、协会、研究会等搭建科技伦理宣传交流平台，传播科技伦理知识。

各地区各有关部门要高度重视科技伦理治理，细化落实党中央、国务院关于健全科技伦理体系，加强科技伦理治理的各项部署，完善组织领导机制，明确分工，加强协作，扎实推进实施，有效防范科技伦理风险。相关行业主管部门和各地方要定期向国家科技伦理委员会报告履行科技伦理监管职责工作情况并接受监督。

后　记

对未来的幻想，是人类不断进步的原因。《人类简史》的作者赫拉利，用整本书表达出一个核心观点："人类自远古时代直到今天创造出光辉灿烂的文明，背后最深层最根本的动力，在于以想象力为驱动的认知革命。"元宇宙愿景，正是体现了第四次工业革命背景下我们期待科技发展使人类未来生活更加美好的愿望。

提到元宇宙，我们更多的是想到虚拟世界、开放游戏。实际上，那仅仅是元宇宙的一个方面。元宇宙至少包括四个世界：现实世界，超越现实的现实世界，模拟现实的虚拟世界，超越现实的虚拟世界。而这四个世界，恰恰与本书中元宇宙的四个象限有对应之处。"超越现实的现实世界"，基本对应了智能生活和智能制造两个象限；"模拟现实的虚拟世界"，基本对应了数字孪生象限；"超越现实的虚拟世界"，基本对应了虚拟世界象限。本书通过两个维度、四个象限来宏观地解释元宇宙生态，继承了前人的成果，并且避免了将元宇宙仅局限于虚拟世界中，如此便能帮助人们更加全面地理解和建设元宇宙。"个人元宇宙"的提出，尤其具有新意。

理解元宇宙，要立足"现实世界"。数字世界并非完全的想象，"现实世界"是虚拟世界的基础。"现实世界"既包括自然世界和物理世界，也包括人类社会。对于自然世界和物理世界的镜像，

主要是通过各种传感器、芯片、处理器、软件和网络连接，对自然世界和人类创造的各种工具进行智慧增强和建模仿真。建模仿真忠实于现实世界在数字世界的规律和本质再现，从飞行模拟、天气、污染、碳排放模拟到智慧交通、智慧城市、数字地球，目的是实时监测物理对象环境变化、控制其运行、预测其发展演化，为人类社会服务。图形处理器大厂英伟达（NVIDIA）的创始人黄仁勋说道，基于现实的沉浸式模拟比更逼真的爆炸或街头比赛更重要。这里的沉浸式模拟，是"粒子物理学定律、重力定律、电磁定律、电磁波定律，（包括）光和无线电波……压力和声音定律"。所以，元宇宙要立足现实世界，并最终为人类的生产和生活服务。

　　理解元宇宙，要超越"现实世界"。很多人知道Meta是"元"的意思。但"元"又是什么意思呢？在希腊语中，"元"的意思是"beyond"，即超越。所以，超越"现实世界"，才是元宇宙的本义。如何才能"超越"？就是利用科技手段。元宇宙愿景，体现了第四次工业革命背景下，人们期待科技发展使人类未来的生产更加高效，生活更加美好的愿望。也只有这样，在元宇宙的技术加持下，才能更有利于将科技应用于工业生产，更有利于将科技应用于创造人类的幸福生活。元宇宙与社会生活息息相关，这一点没有异议。元宇宙与工业制造的关系容易为我们所忽视。拿汽车行业举例，现在的汽车安全碰撞测试，都是靠真车加上假人完成，价格高昂。有了元宇宙，车企可以直接在虚拟实景中，用数字假人完成碰撞测试，得出更精确的安全数据，省时省事更省钱。但凡需要在实体环境完成困难、价格高昂的场景，都特别适合元宇宙化。用数字技术，为特定物理对象和环境创造一个虚拟副本。因为元宇宙，我

后 记

们又多了一个技术手段。

"虚拟世界"代表了元宇宙的早期探索。毋庸置疑，元宇宙来源于科幻小说《雪崩》所描绘的虚拟世界。在这里，有与现实的人类社会一样的个体的化身，也包括现实世界中物理对象的代理，以及在个体的基础上形成的组织关系、社会关系、经济系统、价值系统甚至政治系统。从这个角度讲，这是一个"超越现实的虚拟世界"。元宇宙经济是数字经济的特殊形式，它的要素包括数字创造、数字资产、数字市场、数字货币、数字消费。有了区块链和NFT的加持，虚拟世界的经济系统和价值体系有了可能的解决方案。"虚拟世界"为人类社会实现数字化转型提供了新的路径，开辟了数字经济与实体经济融合的可能。所以，元宇宙有可能成为数字经济创新和产业创新的新疆域。元宇宙愿景将构建物理世界和数字世界相互融合的新型数字空间，推动实体经济与数字经济深度融合，塑造数字经济发展的未来形态，为第四次工业革命提供方方面面的支持。

建设元宇宙，需要化解社会的疑虑。社会的疑虑，既有对元宇宙概念炒作的疑虑，也有对随着人类未来科技的发展，特别是人工智能的发展，像科幻电影中所描绘的人类未来灾难是否会成为现实的疑虑。对此，我们完全可以包容一些。无论是概念，还是实践，元宇宙都会不断演进，不断变化。在这一点上，我们可以借助钱学森看待虚拟现实的态度。20世纪90年代初，虚拟现实刚一出现，钱学森称之为"灵镜"。他立刻敏锐地感觉到，灵境技术的产生和发展将扩展人脑的感知和人机结合的体验，使人与计算机的结合进入深度结合的时代。1995年12月，钱学森在致汪成为的信件中

提道，1995年11月11日，英国《新科学家》上有两篇文章，说的都是用科学技术来直接同人体融合，改造人。这一可能性我们也应研究。可见在人机深度融合和改造人的问题上，钱学森的接受度很高，思想比较开放。1996年，在给汪成为的信中写道："我提的'大成智慧'只是人机结合的初级阶段，因为人机还没有真正合一，只是结合互补而已。这会持续到21世纪中叶。而从灵境系统开始的这种结合则是融合，是把人'神化'了，成为'超人'！'超人'的感受可以大到宇宙、小到微观，成'仙'了！这真是人类历史的一次大革命，就如人类有了语言、文字！这将是21世纪后半叶的事。"可见，虽然钱学森从来没有直接提出最终要让人脑、人体和计算机嵌入式结合，但他本人并不排斥这种观点。总之，"人机结合，以人为主"既是钱学森选择的科技发展的方向，也是人类未来的发展方向。正如钱学森所说的，我想人是要在21世纪大大前进一步的，人会自觉地、能动地提高自己。200多年来，人主要是用机器大大扩展了人体力劳动的能力；而在21世纪，人将用各种装备扩展人脑力劳动的能力。古人梦想的"神仙"将是人人可以达到的。——因此，科技在进化，人工智能在进化，人类也在进化；无论是科技，还是人类未来，一定掌握在我们自己手中！